Port Camargue à proximité du centre de thalassothérapie

*Photo © 2021 Gilles Bonifay*

# Destinée

De l'expérience vécue à une théorie

## GILLES BONIFAY

© 2021 BONIFAY, GILLES

Édition : BoD – Books on Demand, 12/14 rond-point des Champs-Élysées, 75008 Paris

Impression : BoD - Books on Demand, Norderstedt, Allemagne

ISBN : 9782322198337

Dépôt légal : Février 2021

# *Préface*

La vie n'est pas toujours une paisible expérience. Chacun de nous fait confiance aux cinq sens conventionnels pour évoluer physiquement et psychiquement dans ce temps particulier qui nous accompagne de la naissance à la mort. Depuis le $18^{ème}$ siècle la pensée humaine commune met l'accent sur la raison et exclut tout ce qui échappe au rationalisme ambiant. Ainsi l'homme est considéré comme une entité qui se partage entre une matérialité et une spiritualité. Les mots sont trop souvent imprécis et ne peuvent pas recouvrir la subtilité des différents états de l'humain. Les sens authentiques de matérialité et de spiritualité sont compris de diverses façons selon les croyances, les traditions et les philosophies. Il n'est pas toujours aisé de se reconnaître dans certaines approches. Comment privilégier l'une ou l'autre de ces orientations alors que fondamentalement nous semblons identiques et que seules des convictions personnelles, nous permettent de choisir telles ou telles propositions de sagesse. Il nous manque des expériences vécues pour approfondir notre existence.

Destinée est un prétexte pour le lecteur de faire un voyage intérieur en toute sincérité. À travers une expérience, qu'il a lui-même vécue, l'auteur nous invite à cheminer vers des horizons élargis, dans une quête généreuse. La place de l'homme est revisitée. Aussi bien dans l'univers mais aussi à la confluence du visible et de l'invisible. Lieu de rencontre entre l'animé et inanimé, l'accessible et l'inaccessible, cet espace est partagé par beaucoup et ignoré du plus grand nombre. Le dogmatisme scientifique refuse ce qui ne peut être vérifié factuellement en réfutant l'aporisme fondamental de l'humain dans sa complexité et sa multiplicité.

Les sachants ont traversé des moments de dévoilements spontanés et intenses qui ouvrent sur de nouvelles dimensions. Entre rêverie, imagination et intuition, ils se confrontent à des concepts qui, peu ou prou, encore aujourd'hui, ressemblent aux traces laissées par les hommes préhistoriques sur les parois des grottes et les activités chamaniques, que l'on peut encore observer dans des contrées préservées des influences délétères de la civilisation urbaine. Ces observations nous invitent à reconsidérer l'idée d'une tradition primordiale basée sur l'intégration de l'humain dans une sphère de conscience commune à toutes les formes énergétiques de l'univers.

La science décrit et commente le fonctionnement des choses, mais se trouve dans l'incapacité d'en donner le sens véritable et, pour beaucoup, mystérieux. En voulant dichotomiser les états formels de l'homme, elle se veut gardienne d'un savoir orthodoxique superficiel. L'opposition entre sciences traditionnelles et sciences modernes stérilise le domaine de la connaissance. Il revient à chacun de nous d'explorer les différentes composantes des forces, énergies et formes qui nous entourent. Garder la spontanéité et la soif de connaissance en toutes circonstances, est une excellente pratique pour se laisser pénétrer de toutes les réalités avec une grande sérénité et une lucidité clairvoyante. Chaque réalité nous renvoie à notre propre étude et notre finitude.

La vision judéo-chrétienne occidentale suggère à l'homme, qu'il est l'unique représentant d'une vie intelligente, et que la vie est bornée par la volonté d'une puissance supérieure, qui règne sur l'ici et l'au-delà. La mort et le devenir eschatologique de l'individu sont des préoccupations ontologiques qui questionnent l'*homo sapiens* depuis plus de 100 000 ans. Mais ce faisant, ces deux obsessions nous interrogent sur les phénomènes et les existences autres que celles décrites par les normes humaines académiques. Dans ce livre, les questions posées sont légitimes et s'adressent à ce que nous avons en nous, de plus enfoui dans les profondeurs de nos savoirs ésotériques.

Jean-Michel Ballester
Microbiologiste

Aujourd'hui, je ne suis pas face à une feuille blanche, je suis en possession de mes 14 pages format A4 rédigées dans les années 90 relatant mon séjour à Niort (Deux-Sèvres, France) dans le cadre de mon intervention en tant que Consultant en systèmes d'information pour la MACIF. Au départ, ce livre devait se limiter à raconter l'histoire de cette période assez troublante ; puis au fil des années, j'ai réussi à maturer, à construire ma théorie et enfin j'ai voulu la partager.

C'est donc après 25 années de réflexion que je me lance pour finaliser ce projet. Je reprends notes, extraits d'articles de journaux, brouillons sans pour autant donner de références bibliographiques car au départ je n'ai rien lu sur ce sujet : je ne voulais pas être influencé.

À la base, la question de la croyance se pose : je suis croyant non pratiquant. S'il fallait me présenter, je reprendrais les propos suivants : « *je suis catholique pour faire partie de sa communauté, bouddhiste pour sa philosophie de vie, juif pour sa solidarité et sa reconnaissance des grands prophètes, musulman pour sa rigueur et son positionnement de Dieu* ». Cela doit paraître étrange pour le lecteur. Pourtant, les religions ont dépassé leur rôle d'adaptation de concepts à un mode de vie particulier en fonction d'un climat ou d'une géographie spécifique. L'Homme possède de moins en moins de contraintes liées à son lieu d'habitation, de dépendances vis-à-vis de la société dont il fait partie, de liens spécifiques à un niveau social. Les moyens de communication, de transport et les médias cassent petit à petit la désinformation ou l'isolement pour offrir une approche globale, mondiale et objective pour s'approcher de notre vérité. Bien évidemment nous n'en sommes qu'au début, surtout au niveau de l'objectivité … mais les premières avancées dans ce domaine permettent de nous voir différemment ainsi que notre environnement.

La plus grande difficulté est de se séparer des dogmes que l'on nous enseigne, notre éducation, notre logique pré-écrite et notre finalité, imposée dans une société où la vie est une course effrénée, et la réussite s'évaluent avant tout à nos moyens financiers. Mon expérience m'a obligé à tout remettre en cause et à trouver une cohérence s'appuyant sur des fondamentaux afin de prendre conscience de ma réalité.

*"la tâche la plus noble de l'individu est de devenir conscient de lui-même."*
Carl Gustav Jung, médecin psychiatre suisse

Mon approche se base sur mon expérience, mon vécu, mes connaissances. J'essaie de partager ma vision avec rigueur.
Elle se décompose en trois parties :

1.  La première partie décrit mon vécu lors de deux événements importants de ma vie : le premier a été d'accomplir l'ascension du Mont Kilimandjaro en Tanzanie en 1987 alors que je n'avais aucune compétence en haute montagne et le second concerne une période de plus d'une année en 1992 durant laquelle j'ai habité une maison hantée dans les Deux-Sèvres alors que je n'étais pas préparé à cette expérience.

2.  La deuxième partie présente des concepts sur lesquels mon expérience m'a permis d'ouvrir mon esprit touchant les questions fondamentales comme : qu'est-ce que la vie ? ou bien la mort ? ou encore la conscience ? et enfin Dieu ? Je

me baserai sur mes propres concepts pour donner suite à mes observations sur les fantômes, les esprits, nos interactions.

3. La troisième partie apporte un développement à mon approche sur la destinée, ou plutôt sur notre destinée car nous sommes tous intimement liés.

Tout devrait converger vers un et un seul résultat : notre réalité. Ce livre espère contribuer à une réflexion nouvelle qui parle ouvertement de sujets généralement réservés à une poignée de personnes. J'aborde donc ces thèmes importants avec autant d'humilité que d'originalité je crois. Que cette réflexion puisse apporter sa pièce à la compréhension de cet Univers comparable à l'édifice d'un tout lié et harmonisé dont tout être vivant contribue amplement à la construction, l'évolution, la finalité.

*« Nous ne sommes qu'une race avancée de singes sur une petite planète d'une étoile moyenne. Mais nous pouvons comprendre l'Univers. Ça fait de nous quelque chose de très spécial. »*
Stephen Hawking, astrophysicien britannique

J'ai bien conscience que ce livre est ambitieux, qu'il ne peut pas faire l'unanimité. Mais pour autant, faut-il abandonner ? Ce n'est pas ma manière de voir la vie. J'ai même décidé d'aller plus loin et d'ajouter des éléments sur ma conception de la vie terrestre. Et voici comment j'en suis venu à parler de la Destinée.

Ce livre s'adresse aux personnes en recherche d'une réflexion sur le sens de notre existence, aux croyants qui souhaitent aborder le sujet différemment, qui apprécient une approche globale sur un sujet global.

# Première partie

Les expériences sur lesquelles se basent mes évidences

*« Il ne suffit pas de penser notre destinée, il faut la sentir »*

**Miguel de Unamuno**
**« Le sentiment tragique de la vie » 1913**

**Nous sommes tous maîtres de notre destinée…**

*Vendredi 14 Août 1987. Kilimandjaro, Tanzanie. Mes premières certitudes.*

Je me souviens de mes réflexions personnelles lors de l'ascension terminale du mont Kilimandjaro où, exténué par le manque d'oxygène et la fatigue des jours précédents, je me demandais alors mais pour quelles raisons j'étais là ! et surtout, pourquoi prendre de tels risques !

Y aurait-il un avant et un après ?
Ma vie allait être meilleure à mon retour ?
En quoi ce projet était important pour moi ?
Quelle raison m'avait poussé à me retrouver en Tanzanie, loin de chez moi et où, surtout, tout problème pouvait avoir des conséquences dramatiques ?

Les 4 000 mètres d'altitude sont dépassés…
Chaque pas supplémentaire demande un réel effort…
Et pourtant je veux faire ce pas supplémentaire !
C'est dans ces situations que l'on constate la force de l'esprit et la soumission du corps.

À 4 700 mètres, un groupe de français se trouve à l'entrée du dernier refuge. La nuit tombe sur la montagne et après quelques échanges avec mes compatriotes, l'un d'entre eux allume une cigarette, aspire deux bouffées et tombe à terre. Par chance, au même moment, un médecin allemand arrive au refuge : il commence immédiatement un massage cardiaque. Le cœur du jeune homme repart rapidement. Le médecin lui ordonnant de redescendre immédiatement, il s'exécute vivement avec ses amis. Son ascension est terminée !

Après quelques tentatives pour me reposer, il est l'heure de repartir : quatre heures du matin. Je reprends l'ascension en direction du Gillman's point à 5683 mètres. De nouveau mes questionnements fusent : quel lien y a-t-il entre l'esprit et le corps ? Mon esprit a décidé cette ascension, mais mon corps est-il en accord avec cet objectif ? Je peux trouver des motivations pour mon esprit, mais quelles sont celles pour mon corps ?

Je suis épuisé, chaque nouveau pas est un défi physique. Je me rappelle alors la citation de l'écrivain américain William Arthur Ward :

*« C'est impossible, dit la Fierté*
*C'est risqué, dit l'Expérience,*
*C'est sans issue, dit la Raison*
*Essayons, murmure le Cœur. ».*

Et cette fois-ci le cœur l'emporte. Le bord du cratère apparaît avec le lever du soleil malgré les nuages accrochés au sommet. Dès qu'il est atteint, quelques photos pour immortaliser le moment, quelques embrassades avec ceux du groupe et les personnes présentes qui vivent le même événement puis c'est la redescente pour éviter les complications liées à l'altitude des 5685 mètres du Gillman's point.

Cette expérience m'a permis de mieux me connaître non sans raison. Mon corps s'est dépassé dans la souffrance par la volonté de mon esprit pour donner du sens à ma vie.

Il me vient à l'esprit une nouvelle image : celle du cavalier avec sa monture, un tournoi, des sauts, des risques pris en toute solidarité, en toute communion je dirais. Quel intérêt a le cheval dans cette affaire ? Faire plaisir au cavalier ? Vivre en symbiose ou même en osmose avec son cavalier qu'il voit au quotidien ?

Ce lien entre le cavalier et sa monture me paraît être identique au lien entre le corps et l'esprit : seul l'esprit peut définir le chemin à prendre pour atteindre son objectif terrestre. Mais il a besoin de son corps pour le faire. Le corps est un moyen de s'exprimer en tenant compte de ses limites liées à l'anatomie et à la physiologie.

J'ai aussi imaginé la vie terrestre comme un tapis roulant : je décide de me lancer sur celui-ci, j'essaie de ne pas tomber sur les côtés tout en sachant que je tomberai obligatoirement un jour … je ne sais pas quand. Mais ce jour viendra, c'est LA certitude. Nous pouvons tous bénir chaque nouveau jour, mais dans quel intérêt ? Quelques jours de plus ou de moins, où est l'importance si nous n'avons pas d'objectifs ? Ai-je une utilité ? Qu'est-ce que j'apporte ? à qui ? Car oui, nous sommes tous nés pour être utiles. L'utilité humaine ne se trouve pas seulement chez quelques élus. Mais pour rendre manifeste notre utilité, chaque individu doit d'abord apprendre à se connaître.

> *« En laissant briller notre propre lumière,*
> *nous donnons inconsciemment aux autres le pouvoir d'en faire*
> *autant».*
> Marianne Williamson, Un Retour à l'Amour[1]

En me permettant de connaître mes capacités, de connaître les forces de mon esprit, cette ascension m'a appris qui je suis. La direction à prendre s'est imposée peu à peu comme une évidence : je reste maître de ma destinée tel un chauffeur dans son véhicule, décidant sur son trajet des routes à prendre, de la vitesse à adopter, des arrêts ou non sur le bas-côté…Seuls les points de départ et d'arrivée sont définis à l'avance. Le trajet retenu est généralement prévisible : le plus évident sans pour

---

[1] Extrait du livre publié en 1992. Repris par Nelson Mandela lors de son discours d'investiture à la présidence en 1994

autant pouvoir le garantir. Ainsi un chauffeur qui doit se rendre de Marseille à Paris a de fortes chances de prendre le trajet le plus court et le plus sûr. Il prendra l'autoroute. Ce n'est pas une certitude mais une forte probabilité. Il arrivera à destination. Ce n'est pas une certitude mais une forte probabilité. La durée du voyage sera d'environ sept heures. Ce n'est pas une certitude mais une forte probabilité. Le chauffeur peut en effet en décider autrement au cours du voyage, décider de prendre temporairement ou définitivement la nationale, s'arrêter plus ou moins longtemps, rouler plus ou moins vite ou arrêter net sa vie.

Il reste maître de sa destinée.

*De juin 91 à février 93. Niort. Deux-Sèvres, France. Mes premières convictions.*

Les histoires de fantômes ne m'ont jamais intéressé jusqu'à ce que j'y sois confronté …

Est-ce le fruit du hasard ou les conséquences d'une destinée préétablie ?

Dans tous les cas, cette expérience d'une année est devenue un élément marquant de ma vie. Et ce livre en est bien la preuve : il a été écrit plus de vingt années après, vingt années de réflexions et de questionnements qui ont abouti à une théorie. Le terme est un peu fort me direz-vous ? Je vais pourtant proposer un ensemble d'idées, de concepts abstraits appliqués à un domaine précis. Je vais construire un système formé d'hypothèses avec des règles qui me paraissent logiques… Je vous laisse seul juge !

Au cours de ces vingt dernières années, j'ai eu l'occasion de partager mon expérience avec de nombreuses personnes intéressées par le sujet, sceptiques ou non. Avec le recul, je suis désormais convaincu d'avoir radicalement réorienté ma vie depuis cette expérience, car, finalement, la question de la destinée est la question principale que l'on doit se poser. Cette période a été l'élément déclencheur de mon questionnement. Les réponses restent cependant très personnelles en attendant les résultats fermes et définitifs de la science. Mais combien de temps faudra-t-il attendre ? combien de générations ?

Cette histoire vécue sert de tremplin pour les deux autres parties du livre, basées sur des réflexions beaucoup plus générales.

*Jeudi 22 juin 1991. Cergy, Val d'Oise, France. En route vers ma destinée.*

À cette époque, mon troisième cycle d'études se termine. Encore un ou deux séminaires intégrés au programme de ce Mastère de la prestigieuse Ecole Supérieure des Sciences Economiques et Commerciales (ESSEC) puis ce sera le stage. Il se déroulera au sein du service informatique de la Société Thomson Vidéo équipement, une filiale du groupe Thomson CSF dans la télévision haute définition. C'est ainsi que j'ai habité une année Cergy, l'une des villes nouvelles créées de toutes pièces pour décongestionner Paris. Malgré mes nombreuses demandes auprès des cités universitaires, je n'y ai trouvé aucune place. Je me suis rabattu vers la location d'un petit studio de 18 mètres carrés à proximité de l'arrêt du RER « Cergy préfecture ». Il paraît que j'ai eu de la chance de trouver ce logement … c'est assez difficile à digérer pour un provincial d'avoir la « chance » de trouver un studio au loyer d'un trois-pièces dans le quartier des 5 avenues à Marseille, 5ème !

Après cette période, j'ai cherché du travail. Voulant revenir dans le sud de la France, mes recherches d'emploi dans cette région n'ont pas réellement satisfait mes intérêts. Seuls des postes d'analyste-programmeur me sont proposés alors qu'à Paris, ce sont des postes de responsable informatique. Que choisir ? la carrière ou la qualité de vie ? C'est un sujet qui pourrait alimenter plusieurs livres… mais pour moi, ce sera la qualité de vie en essayant d'éviter un travail routinier ou sans intérêt. Beau défi dans un pays où, à l'époque, l'informatique restait extrêmement centralisée, où deux tiers des informaticiens travaillaient en région parisienne !

Un jour, une offre d'emploi sur l'hebdomadaire « zéro un informatique » m'interpelle. C'est une Société de Service et de Conseil en ingénierie informatique qui propose des postes basés à Paris, Niort et Marseille. Je décide d'y répondre.

Quelques jours plus tard, un courrier me propose un entretien. Et, après avoir suivi la procédure classique de sélection, mes deux futurs managers, fondateurs de la Société, me proposent un poste d'ingénieur consultant basé à Marseille ! La date d'embauche est prévue le premier novembre 1989 après la soutenance de mon mémoire et la validation de mon diplôme de troisième cycle. Les personnes fondatrices de cette Société sont diplômées de grandes écoles. Elles se sont connues en travaillant pour la compagnie TOTAL. L'environnement me paraît intéressant. J'accepte leur offre.

*Mes premières interventions*

Ma première intervention s'effectuera à Boulogne en région parisienne chez un grand constructeur automobile français : Renault. Le sujet est intéressant : je dois améliorer la convivialité et la sécurité d'un produit d'interrogation de données « Query

Management Facility » commercialisé par IBM. Je suis considéré en déplacement et rentre le week-end à Marseille. Pour des raisons de facilités, j'ai gardé mon studio pris en charge par mon employeur. Comme la plupart des Parisiens, j'ai plus d'une heure de trajet à l'aller et autant au retour. En avant pour le rythme métro/boulot/dodo !

Puis, j'ai eu l'occasion de me rendre chez de nouveaux clients dans la région de Nice. Quelques missions de conseils débutèrent par des formations en conception de systèmes d'information. Il s'en suivit des audits, devant aboutir à des missions plus longues, qui permettraient de « ferrer le client ». Fort de cette expérience, une mission à Niort m'a été proposée pour renforcer l'équipe de consultants existante. Niort est une ville du centre-ouest de la France, chef-lieu du département des Deux-Sèvres. Une équipe de quatre personnes travaillait sur le plus gros projet informatique en France du moment : la refonte du système d'information de la Mutuelle Assurance des Commerçants et Industriels de France (M.A.C.I.F.). Inutile de préciser que ce sujet m'intéressait beaucoup. J'ai accepté immédiatement et me voilà parti pour Niort en période estivale de l'année 1990.

En fait, deux autres consultants en provenance de la région parisienne avaient aussi été sollicités pour compléter l'équipe : Xavier F. et Robin P. Tous les deux ingénieurs informaticiens, frais émoulus de l'école.

Dès la fin des quinze premiers jours, le responsable de la filiale Niortaise, Jean D., nous propose rapidement de louer une maison pour nous loger tous les trois. Nous ferions ainsi des économies substantielles de frais et cela nous rendrait la vie plus agréable dans le cadre de cette mobilité.

Fabienne la secrétaire s'est chargée de procéder à une première sélection avec des critères simples comme le nombre de chambres —trois minimum—, la proximité avec le lieu de travail et un budget à ne pas dépasser.

Les premières recherches montrèrent que le choix serait restreint : difficile de trouver une maison avec trois chambres si possible meublée. La proximité de la ville de Niort était un paramètre important pour Jean mais le centre-ville nous était interdit pour une question de coût. Après avoir effectué le tour des agences immobilières de la région, Fabienne obtint une dizaine d'adresses, visita les lieux puis soumit sa sélection à Jean. Lorsque notre avis fut sollicité, la liste ne se résumait plus qu'à trois adresses. Des rendez-vous furent pris pour aller les visiter à notre tour.

La première visite se déroulait à une quinzaine de minutes de la ville. Dès le début, Jean nous fit comprendre que ce choix n'était pas idéal. Un grand jardin d'un hectare environ, principalement à l'arrière de la maison. Un intérieur assez banal : je me souviens de chambres assez petites, d'un garage très grand et de tapisseries horribles, type « baba cool » de couleurs très vives. L'ensemble ne dégageait aucun caractère et, d'ailleurs, aucun coup de foudre ne se manifesta.

La deuxième visite nous mena dans Niort voir une construction qui venait juste d'être terminée. Le terrain très petit, ressemblait plutôt à un chantier qu'à un jardin : aucune plantation et surtout beaucoup de boue ! L'espace intérieur, sur un seul niveau, était assez restreint. Les deux parisiens s'opposèrent rapidement à cette éventuelle sélection. Ils m'avouèrent plus tard que c'était principalement à cause de la boue qui aurait pu salir leurs beaux costumes de consultant récemment achetés !

La troisième visite nous permit d'aller en périphérie proche de la ville, en direction du village de Parthenais. Sa proximité avec la voie rapide rendait ce lieu bruyant. En contrepartie, il y avait de l'espace tant à l'extérieur qu'à l'intérieur : cette très vieille ferme était aménagée avec une grande cour intérieure permettant de garer nos voitures. Celle-ci était entourée d'annexes comme une ancienne porcherie et, accolée à la maison, une ancienne écurie.

Cette maison se trouvait dans une impasse. Elle terminait une suite de maisons dominant la voie rapide permettant aux véhicules d'éviter le centre-ville. L'impasse devenait une ruelle étroite au niveau même de la maison facilement remarquée par sa grande hauteur. Un portail blanc permettait l'accès à une cour intérieure délimitée par un long hangar à droite utilisable comme garage pour nos trois voitures. En face, une haie clairsemée agrémentée à son extrémité droite par un grand et bel acacia. Cet arbre d'une quinzaine de mètres de hauteur me rappelait ses cousins africains admirés en Tanzanie quatre années auparavant. À gauche, perpendiculairement au bâtiment, quatre mûriers de taille moyenne mais très touffus, accueillaient de nombreux oiseaux, principalement des merles. Cette cour ainsi délimitée représente plus de deux cents mètres carrés recouverts à moitié de gravier de couleur bordeaux et d'herbe du côté des haies. Une porte de fer peinte en blanc permettait d'entrer dans la cuisine. À gauche de la cuisine, un accès permettait d'entrer directement dans deux écuries et à droite se trouvait l'accès à l'habitation proprement dite. Une première pièce, peu utilisée, contenait une cheminée fermée à l'aide d'une plaque de fer et était suivie de la cage d'escalier et de l'entrée du salon. Par cet escalier, on accédait à deux chambres et à une salle de bains au premier étage, puis on trouvait deux chambres et un petit débarras au second et dernier étage.

Cette vieille ferme était lugubre et assez sombre.

Je me souviens avoir été le premier à l'accepter pour une raison purement pratique : elle me paraissait plus adaptée pour une vie en collectivité notamment avec ses deux WC contrairement aux autres logements. Mais aussi pour sa proximité avec le centre-ville et le lieu de travail. Les deux parisiens ont hésité au départ, puis ont accepté. Jean s'organisa pour que, dès le début du mois de septembre 1990, nous puissions nous y installer en commandant et livrant très rapidement des meubles bas de gamme d'un détaillant de mobilier et de décoration français bien connu en ce temps-là : FLY. Les choix ont été orientés par Marie, la femme de Jean et exécutés par Fabienne.

L'eau et l'électricité furent mises en route, le téléphone installé. La maison semblait cependant ne pas avoir été habitée depuis un certain temps : les araignées étaient reines dans toutes les pièces habitables de même que la poussière dans les dépendances et les mauvaises herbes dans le jardin.

Vint le moment du choix de la chambre. Je n'avais pas de préférence pour l'une ou l'autre des chambres. En effet, au premier étage se situait deux chambres, l'une grande mais à proximité de la salle de bains et des WC, l'autre petite. Le fait de se trouver au premier étage n'était pas un avantage décisif : lorsqu'on effectue un travail assis toute la journée, la montée de deux étages par un escalier en colimaçon me semblait un exercice intéressant pour maintenir ma forme. Au second étage se trouvait la plus grande chambre de la maison accolée à une petite chambre.

Dès notre arrivée, Robin se rua sur une des deux chambres du premier étage. Xavier n'avait, semble-t-il, pas plus d'avis que moi-même. Après de nombreuses politesses, nous nous sommes entendus pour que Xavier prenne la petite chambre du premier étage. Il me restait donc l'espace du second étage pour moi tout seul. J'installais donc mes affaires dans la grande chambre.

*Lundi 2 septembre 1991. Niort, Deux-Sèvres. Mes premiers contacts.*

Mon intervention à la MACIF avait pour but de coordonner et d'organiser les tests unitaires du gros projet de refonte du système d'information. Cette mission me plaisait et je travaillais sans compter les heures. Aussi, il m'arrivait de sortir du travail vers dix-neuf voire même vingt heures. Après un rapide repas, je ne souhaitais qu'une seule chose : dormir ! D'autant plus que pour ce premier soir dans la maison, mon arrivée a été tardive, vers vingt-trois heures. Je m'installais donc dans ce grand lit sous une couette représentant un palmier sous un soleil de plomb. C'est avec cette dernière image en tête que j'éteignis la petite lampe de chevet. Rien ne laissait présager la nuit étrange que j'allais passer …

Je commençais à m'endormir lorsque je sentis une présence dans la pièce. Supposant qu'un collègue me faisait une blague pour me faire peur ou était curieux de mon installation je n'éprouvai aucun sentiment d'insécurité. J'allumai simplement ma lampe de chevet et à ce moment-là je me rendis compte que j'étais seul. Cette surprise se transforma peu à peu en trouble car la lumière ne supprima pas le sentiment éprouvé : il y avait toujours quelqu'un en face de moi ! Présence à mi-chemin entre la porte fermée de la chambre et le lit me regardant sans bouger.

Ma première réaction fut de m'asseoir dans le lit, de prendre le temps de parcourir des yeux tous les recoins de la pièce afin d'y découvrir je ne sais quel détail pouvant expliquer cette situation. Puis, vinrent doute et remise en question sur ce que j'éprouvais.

Mes idées n'étaient plus claires dans ma tête. Quoi de plus facile dans cette situation que de se dire que c'est l'imagination qui nous joue des tours !

Le sommeil prit le dessus, je décidais d'éteindre et d'oublier cette sensation. Dès la lumière éteinte, la présence se fit plus marquée et commença à s'approcher du lit. Convaincu de mon délire, je remontais vivement la couette jusqu'au nez. Ce bouclier aurait dû suffire pour combattre mon propre imaginaire mais en vain ! Une trentaine de centimètres nous séparait maintenant. Que faire ? Je rallumais la lampe pour avoir, une nouvelle fois, la confirmation d'être seul dans la pièce. Et pourtant, la présence était là, à portée de bras. J'essayais de la toucher.

Rien.

Il me vint à l'esprit d'appeler ou d'aller voir Xavier ou Robin à l'étage en-dessous. Mais que leur dire ? Dans ces moments, on se sent très seul. Je repris mes esprits et commençai à me parler. Le fait d'entendre ma propre voix me rassura. Je me calmai. La présence finit par se disperser dans la pièce. Je me convainquis que l'origine de ces troubles étaient une imagination trop fertile accompagnée d'une forte volonté d'être chez moi à Marseille auprès de ma copine. Je m'inquiétais du temps perdu à ne pas dormir : deux heures du matin déjà ! Je n'ai jamais souffert d'insomnies pourtant ! Le besoin de dormir pesait de plus en plus lourd. Yeux ouverts, lumière allumée, j'essayais de somnoler... Il ne me restait plus qu'à attendre le lendemain matin…

Le matin, je préférai ne pas aborder le sujet avec mes nouveaux collègues. Quelques jours seulement que je les connaissais mais le fait de vivre en commun allait permettre de nous connaître plus rapidement. Partager cette maison nous apparaissait comme un jeu, l'occasion de redevenir adolescent pour quelques temps. Je n'eus aucune question de leur part sauf sur mes cernes qui commençaient à faire leur apparition. De ce point de vue, nous étions tous les trois d'accord, nous avions très mal dormi, mais peut-être pas pour les mêmes raisons ?! le sujet n'a pas plus été abordé. Priorité : aller travailler.

À la fin de la journée, je rentrais seul à la maison afin de me changer car en dehors des heures de travail, j'apprécie être décontracté. Nous avions prévu d'aller dîner en soirée dans une pizzeria sur la place de la brèche en centre-ville : le Villagio.

Dès le repas terminé, je ne désirais qu'une chose : rattraper mes heures de sommeil de retard. À mon arrivée à la maison, j'escaladais rapidement l'escalier en bois recouvert d'une moquette verte plutôt délavée. Mais, entre le premier et le second étage, je ressentis un choc, j'entrais dans quelque chose, perdant ainsi l'équilibre, comme poussé ! Ma tête tourna vers l'intérieur du colimaçon et mon corps tout entier fut poussé dans le vide. Je repris conscience après ces fractions de secondes, me rendis compte que j'avais failli tomber dans le vide du colimaçon mais en fait, j'étais bel et bien seul dans la cage d'escalier malgré la violence ressentie ! La peur s'empara de moi. Je redescendis aussitôt au rez-de-chaussée, m'assis devant la télévision. Troublé. Une nouvelle fois, je mis sur le compte de mon imagination et de la fatigue ce qui s'était passé. Persuadé que cela venait uniquement de moi, je ne cherchais pas à trouver d'autres éventualités et à les prendre au sérieux. Je me rassurais ainsi. Méthode Coué efficace ! Elle a pour seul inconvénient de ne pas arrêter le temps ! Déjà minuit.

J'effectuais une seconde tentative pour rejoindre ma chambre. Aucune difficulté. Ainsi commença la nuit la plus étrange que j'allais vivre …

Aussitôt couché et la lampe éteinte, la présence réapparut, s'approcha de plus en plus près. Ma réaction fut similaire à celle de la nuit précédente. Je remontais instinctivement la couette jusqu'à mes épaules et laissais la lumière allumée. Il y eut comme un courant d'air froid glissant sur mon bras gauche et mon cou. Puis, je ressentis pour la première fois un contact au niveau du cou, une pointe y pénétrait lentement… Le besoin d'arrêter cette douleur me fit y poser ma main droite. Le mal s'estompa… Puis ce fut dans ma poitrine avec l'impression que l'on farfouillait en moi-même, je ressentis alors des douleurs au cœur. Douleurs violentes, en crescendo, comme si l'on voulait me l'arracher. Instinctivement je pris la position fœtale, allongé sur le côté gauche pour protéger mon cœur. Mes bras protégeaient ma poitrine et la douleur au cou recommençait ! Mes mains protégeaient mon cou, la douleur au cœur réapparaissait ! Va-et-vient entre deux douleurs !

« Va-t'en, je ne t'ai rien fait, j'ai sommeil ! » m'entendis-je dire. En vain. Afin d'arrêter les douleurs, je me mis à faire les cent pas dans la chambre. Complètement vidé, j'avais le sentiment de m'être fait voler une partie de moi-même, une partie de mon énergie.

Je vivais ainsi et malgré moi, ma seconde nuit blanche.

Au petit déjeuner, mes deux collègues m'avouèrent avoir de nouveau très mal dormi. J'essayais de les questionner. Pourquoi ? À part un certain mal-être concrétisé par des insomnies dont ils n'avaient pas l'habitude, ils ne ressentaient rien d'autre. Je me retrouvais seul, face au souvenir de mes scènes nocturnes, convaincu d'être victime d'un imaginaire beaucoup trop fertile. C'est en tous cas la raison que je me répétais sans cesse.

*Mercredi 3 septembre 1991 vers 19h30. Niort, Deux-Sèvres.*
*L'évidence apparaît.*

Arrivé dans ma chambre, je me dirigeais vers la fenêtre non ouverte en partant le matin. Je me penchais pour accrocher l'un des deux volets... Soudain je ressentis quelqu'un se ruer sur moi et me pousser dans le vide. J'eus le réflexe de me retourner et de me plaquer contre le mur. La présence avait réapparu, la mienne paraissait de trop !

Plusieurs mois passèrent avant d'accepter l'idée que j'avais vécu une expérience totalement inattendue et exceptionnelle. Cette prise de conscience (ou plutôt cette alternative) m'apparut lorsque je dormis seul durant cette même période dans d'autres endroits. Que ce soit à Marseille, Paris ou à Moulins, chez des amis, chez moi ou à l'hôtel, au ski, en week-end ou encore en déplacement professionnel, je n'ai jamais ressenti cette présence ailleurs que dans cette maison. Était-ce lié au lieu ? Était-ce lié à mon état psychologique lorsque j'étais à Niort et subissais une réelle pression due à la charge de travail ?

Je me mis à penser que cette maison y était pour beaucoup car j'ai eu l'occasion de dormir dans des lieux beaucoup plus lugubres à Niort comme dans d'autres villes, dans les Deux-Sèvres comme dans d'autres départements, dans des hôtels ou dans des bâtiments déclarés monuments historiques, dans des ruelles sombres, dans des bâtisses mal entretenues, aux parquets en bois bruyants où j'entendais des insectes, des rongeurs peu souhaités. Mais jamais rien d'identique !
*L'inconnu doit-il obligatoirement faire peur ? Je ne pense pas.*

Au fil du temps, cette situation m'apparut comme un challenge : m'habituer à cohabiter avec cette présence. C'est, quoi qu'il en soit, le raisonnement que j'ai tenu entre le lundi 27 février 1992, date de mon retour à Niort et le 11 novembre 1992, date d'une rencontre qui allait changer ma vie.

Je refusais de nouveau l'évidence. Je me remémorais les discussions que j'avais eues sur l'existence de lignes telluriques avec mes parents. De ce que j'en avais compris à cette époque, ce phénomène présentait une sorte de filet magnétique, composé de mailles de deux mètres carrés environ, présent sur toute la surface de la terre. Lorsque deux lignes se croisent, cela forme un nœud. Il a été, paraît-il, prouvé qu'il est malsain de rester au niveau d'un nœud : poser un lit à cet endroit peut engendrer des insomnies, par exemple. De plus, ce filet n'étant pas toujours uniforme, il possède alors certaines zones à amplitudes magnétiques plus marquées les unes que les autres. Cette explication me convenait parfaitement et je décidais d'y remédier en déplaçant mon lit dans l'autre chambre au second étage, plus petite en superficie. Cela me rassurait !

*Changement de chambre.*

Je demandais à Xavier de m'aider à déplacer le lit. Arrivé au second étage, il me questionna sur le but de cette manœuvre. « Je dors mal dans cette chambre, je préfère une pièce plus petite » lui répondis-je. Il accepta cette explication. Nous nous mîmes à l'œuvre. En quelques minutes, le tout était transféré dans l'autre chambre. Après son départ, je m'allongeais sur le lit et observais la pièce. Le fait que l'espace soit plus restreint me mettait en confiance. La taille du lit laissait peu de place sur les côtés. Le nouvel emplacement était perpendiculaire au précédent. Les conséquences liées au premier emplacement hypothétiquement mal choisi par rapport à ces lignes telluriques ne devraient plus se ressentir comme auparavant. Je me couchais, serein.

La tranquillité retrouvée ne dura hélas que quelques instants, car, comme les nuits précédentes, la présence vint me rendre visite. Mais un nouveau type de cohabitation prit place. Plus jamais je ressentis violence, agression, comme décrits précédemment. Cette même nuit, la présence apparut près de la porte en bois, la traversa, évita soigneusement le grand lit sur lequel je me trouvais pour s'approcher de moi du côté gauche. Je crois que c'est à ce moment que je me promis de ne plus jamais revenir dans cette maison et de ne plus jamais y dormir. J'étais fatigué de subir un phénomène que je ne comprenais pas et qui m'épuisait jour après jour. C'est ainsi que chaque soir où je dormis dans cette maison, cette présence vint me voir et la douleur au cou apparaissait. Il suffisait qu'une petite partie de mon cou soit mal protégée par ma main pour que je ressente comme une longue aiguille à tricoter s'y introduire lentement. Je me sentais alors perdre un peu de moi-même, perdre un peu de mon capital énergie. J'avais la sensation de me vider de quelque chose, sensation totalement différente d'une prise de sang par exemple où l'on ressent seulement la piqûre sans perte de quoi que ce soit.

À mes yeux, seules deux hypothèses restaient cohérentes à cette période :
- Le mal-être lié à cette maison, suscité par la contrariété de me retrouver à huit cents kilomètres de chez moi me jouait de vilains tours,
- La notion de fantôme n'était pas qu'un mythe.

Aucun élément ne me permettait à ce moment-là de privilégier une hypothèse plutôt qu'une autre. J'éprouvais de plus en plus une grande curiosité, une volonté d'observer et de comprendre ces événements.

Même si je considérais cette situation comme un véritable challenge, il m'arrivait d'être trop fatigué pour relever ce défi, de craquer certains soirs et de partir dormir à l'autre bout de la ville. Deux ou trois fois par mois, je me rendais dans un petit hôtel au-dessus d'un bar dans lequel je pouvais retrouver une certaine sérénité et dormir profondément toute la nuit. Évidemment, je payais cet hôtel à mes frais. C'était le prix d'une bonne nuit de sommeil assurée !

À cette époque j'avais sympathisé avec une analyste-programmeur d'une société de services dont la famille habitait la région. Elle avait loué un petit appartement dans le vieux Niort. J'ai passé quelques mois à sortir avec elle. Certains soirs, j'allais la retrouver chez elle, c'est ainsi que mes absences ne parurent pas suspectes ou anormales aux yeux de mes deux collègues.

Mais la curiosité, la volonté de maîtriser un jour ce phénomène ou, tout au moins, de mieux le comprendre restaient très fortes en moi. Me connaissant, je pense que si j'avais cherché à changer de logement définitivement, je l'aurais regretté plus tard et me serais fait des reproches de ne pas avoir recherché obstinément des réponses à mes questions.

Ce sont ces phénomènes qui ont déclenché en moi cette soif de trouver des réponses aux questions fondamentales que tout un chacun doit se poser un jour ou l'autre :

- Qu'est-ce que la vie ?
- Quel est notre rôle sur terre ?
- Qu'est-ce que la mort ?
- Quand s'arrête la vie ?

- Quelle est la fonction des religions ?
- Comment réagirais-je devant le décès d'un proche ?
- Qu'est-ce que l'esprit ?
- Que devient l'esprit quand l'enveloppe corporelle disparaît ?
- Et enfin, dans quel cas un être humain se transforme en fantôme errant ?

J'avais pourtant été confronté aux décès de mes grands-parents, dix années auparavant mais je n'étais pas encore mûr pour ces questions. J'acceptais les faits en toute fatalité comme tout individu qui perd un être aimé sans avoir le besoin intelligent de répondre à la question « pourquoi ? ».

La période de septembre à décembre 1991 fut la période la plus terrible. Il m'était impossible de me trouver seul dans la maison. Je m'arrangeais pour que ce ne soit pas le cas, je quittais Niort tous les week-ends et acceptais toutes les invitations possibles. Toute ma curiosité n'y suffisait plus, j'avais eu peur d'éventuelles conséquences psychologiques comme physiques.
Ma principale alternative était d'aller dormir dans ce petit hôtel de Niort. On y entrait par le bar puis on montait à l'étage pour rejoindre les chambres. Je n'y allais que pour dormir. Je retournais le matin dans la villa pour prendre une douche et récupérer mes affaires pour aller travailler. Cela ne coûtait pas très cher mais cela m'énervait tout de même de payer l'hôtel alors que mon employeur louait une grande bâtisse spacieuse avec dépendances. Mais c'était indispensable car je craquais moralement de temps en temps. J'étais très fatigué, épuisé aussi par mon travail. Ces nuits me permettaient de me requinquer et de repartir pour la suite de la semaine.

*Mercredi 25 décembre 1991. Marseille, Bouches du Rhône. Ma fausse libération.*

En novembre 1991, je déposais une demande de congés payés d'une durée d'un mois couvrant la période des fêtes de fin d'année et le début du mois de janvier 1992. Je demandais en même temps aux responsables de la Société de Services et des Conseils de changer mon contrat pour rester en région marseillaise dès la fin de mon congé et ce, malgré tout mon intérêt pour le projet sur lequel je travaillais.

À ma grande surprise, ma demande fut acceptée sans beaucoup de questions puisque mon embauche avait été faite à condition de travailler un jour en région marseillaise. Ce qui n'était pas le cas depuis deux ans.

J'organisais donc mon départ auprès du client (MACIF) en invitant mon entourage à un pot d'adieu comme il était coutume de le faire dans le service à cette époque et remerciais chaleureusement le Responsable des Études de la Direction des Systèmes d'Information de la Mutuelle pour sa confiance pendant six mois. Très peu de questions délicates me furent posées, je partais pour raisons personnelles avec d'autres contrats.

Toutes mes affaires personnelles ont été déménagées à Marseille avec ma 205 Peugeot personnelle. Dès mon retour de vacances, mon employeur me fit part de l'absence de nouveaux projets. Afin d'éviter l'inter-contrat, j'ai assuré deux formations en bureautique sur les logiciels EXCEL et WORD auprès d'un public de secrétaires dans une PME de la zone industrielle des Paluds à Gémenos.

Les fêtes de fin d'année 1991 furent passées sans être sur les routes de France avec un 25 décembre en famille sans avoir à prendre un train ou ma voiture le lendemain ou le soir même.

Début 1992, la situation ne s'améliorant pas en termes de nouveaux contrats, je me retrouvais à l'agence de Marseille quelques semaines sans activités. En revanche, le Responsable de l'agence Atlantique recherchait toujours une personne pour me remplacer et m'acceptait volontiers si je le souhaitais. Il m'était délicat de refuser cette unique proposition et c'est ainsi que je me suis retrouvé, à nouveau, fin février 1992 sur la route en direction des Deux-Sèvres avec toutes mes affaires personnelles.

Je réemménageais dans la même chambre au second étage de la villa en présence de mes deux collègues parisiens Xavier et Robin. Après un mois de grosse déprime, une véritable cohabitation avec le fantôme se mit en place.

Voici quelques anecdotes dont je me souviens encore…

J'ai toujours évité de dormir seul dans cette maison ; cependant, il était fréquent que nous nous attendions à la maison après le travail ayant des contraintes professionnelles différentes. Je me souviens, un soir, m'être installé seul devant la télévision dans le salon au rez-de-chaussée. Le film de vingt heures trente était bien entamé lorsque j'entendis la porte d'entrée de la cuisine s'ouvrir et se refermer brutalement. Cette porte était constituée d'un encadrement de fer avec des carreaux comme ceux que l'on retrouve généralement dans les vérandas. Puis, des bruits de pas qui traversaient la cuisine. Cette pièce raisonnait beaucoup et les bruits me faisaient penser à ceux de Robin dans ces moments de fatigue intense, satisfait d'avoir terminé une journée de travail. « Robin, veux-tu aller dîner en ville ? » demandai-je. Le bruit de pas se rapprochait de l'entrée du salon... La démarche était lente mais ferme et ressemblait bien à celle de Robin. J'entendis la personne poser sa parka sur le portemanteau qui se trouvait au pied du colimaçon. N'entendant aucune réponse, je me levai du canapé et allai à la rencontre de Robin... pour me rendre compte que j'étais toujours seul dans la maison ! Cette expérience se renouvela plusieurs fois. Je n'ai eu à chaque fois aucun doute sur ma conviction d'entendre arriver une personne physique.

Un soir, nous étions sortis boire un verre dans l'un des deux bars animés de Niort puis, étions rentrés aux alentours d'une heure du matin pour rejoindre rapidement nos chambres respectives. Après m'être couché, j'entendis une personne monter l'escalier en colimaçon d'un pas décidé entre le premier et le second étage. Les pas s'arrêtèrent devant la porte de ma chambre. Nous avions souvent des consignes à transmettre à l'un, à l'autre pour le lendemain ; j'ai naturellement pensé que l'un de mes collègues s'apprêtait à taper à la porte. Mais plus aucun bruit. Je me levai donc pour aller à sa rencontre, j'ouvris la porte de la chambre et me rendis compte que j'étais seul. Convaincu de la réalité des bruits, je descendis au premier étage pour vérifier que mes deux collègues étaient bien dans leur chambre. Ce qui était le cas. Déconcerté, je remontai dans la mienne...

L'hiver, la maison était chauffée à l'aide de convecteurs électriques. L'un d'eux était installé à la base de la fenêtre de ma chambre. J'avais remarqué de nombreuses fois que, lorsque le fantôme passait à droite de mon lit, c'est-à-dire du côté de la fenêtre, le passage étant étroit, à peine une trentaine de centimètres, le thermostat détectait aussi le courant d'air froid l'accompagnant, j'entendais alors le déclic déclencher la mise en route du chauffage. Quelquefois le soir, je m'amusais à anticiper le déclic du thermostat en fonction de l'évaluation de son déplacement. Avec une marge d'erreur d'une seconde, j'arrivais à identifier le moment où le thermostat allait se déclencher. À chaque fois, ce détail me faisait plaisir car il me confirmait que je ne rêvais pas, que ce phénomène était bel et bien réel et surtout pas créé de toutes pièces par mon imagination. Quelques secondes plus tard, je sentais le courant d'air froid sur ma main ou sur mon bras du côté de l'arrivée de l'entité. Et enfin, les douleurs au cou commençaient. Avec le temps, cette douleur s'atténuait cependant j'avais toujours le désagréable sentiment que l'on me volait une partie de mon être sans vraiment pouvoir l'éviter.

La présence s'accompagnait aussi de faibles bourdonnements d'oreille non comparables aux acouphènes générés lors d'une sortie en discothèque par exemple. La différence en est que ce bruit provenait de l'extérieur de la tête et n'était pas produit par l'oreille elle-même.

La présence apparaissait à la porte d'entrée dans quatre-vingt-quinze pour cent des cas et se déplaçait lentement ou, plus exactement, je n'ai jamais observé de mouvements brusques de sa part.

Il m'est arrivé quelquefois, lors de l'arrivée de l'entité, de m'asseoir sur mon lit pour mieux observer le phénomène. Lumière éteinte, j'arrivais, parfois, à distinguer une forme humanoïde discrète se déplaçant. Seuls, les contours se remarquaient, l'intérieur de la forme, lui, ne modifiait que légèrement la perception de l'arrière-plan. Les résultats obtenus étaient similaires à la déformation d'une loupe à faible grossissement. À chaque fois, on distinguait légèrement la forme d'un homme barbu, habillé comme au Moyen Âge, avec une sorte de toge.

Un autre détail m'avait intrigué : mon lit était positionné contre le mur au niveau de ma tête. Il arrivait que l'entité fasse le tour du lit en passant le long du mur. Elle arrivait ainsi à rester au second étage sans tenir compte des éléments verticaux de la maison, à savoir les portes et les murs. Ce tour complet du lit me faisait penser à une exposition de deux événements à un même endroit : moi, dans mon lit et l'entité. Je n'ai cependant jamais observé l'entité passant à travers le plancher entre le second étage et le premier. Mais cela ne veut pas dire que c'était infaisable pour elle.

Au cours de la seconde partie du séjour, j'étais décidé à apporter un appareil photo pour voir les marques éventuelles que cette entité pouvait laisser sur une pellicule, même si le halo lumineux était extrêmement faible mais sans conviction aucune qu'il apparaisse sur la photo. J'ai préparé, à de nombreuses reprises, mon 24 x 36 à Marseille pour l'emporter. Et oui, à cette époque, nous n'avions pas tous un mobile permettant de partager en instantané toute situation exceptionnelle ! Mais seulement la chute de cette histoire est arrivée de manière inattendue coupant court à toute possibilité de le faire ! En effet, je pensais avoir le temps pour le faire et finalement ce ne fut pas vrai. Comme je le regrette bien évidemment !

Plus tard, j'eus l'occasion d'en discuter avec mes deux collègues, ils confirmèrent leur mal-être dans cette maison mais me dirent ne pas avoir ressenti, autant que moi, cette présence.

Au cours de cette période, Jean, notre manager, embaucha une commerciale. Arrivant d'une autre région, il lui proposa de loger temporairement dans la maison, le temps de trouver un logement. Ayant appris la nouvelle, nous décidâmes de ne rien lui dire en ce qui concerne la maison afin de voir sa réaction. Le soir de son arrivée, elle aménagea au second étage dans la grande chambre.

Nous lui souhaitâmes une bonne nuit. Le lendemain matin, nous nous nous retrouvâmes pour le petit-déjeuner. Elle descendit la dernière, ce qui augmenta notre impatience de la voir. Enfin elle arriva les yeux cernés et nous dit : « Qu'est-ce que j'ai mal dormi cette nuit ! ».

Bien sûr nous éclatâmes de rire et nous lui racontâmes nos ressentis respectifs depuis notre arrivée. Cette maison mettait mal à l'aise toutes les personnes que j'ai connues à cette époque. Il apparaissait cependant des divergences en ce qui concerne le ressenti. Tout le monde reconnaissait, dans cette maison, avoir entendu des bruits bizarres, ressenti un mal-être et avoir eu des insomnies importantes. La fatigue acquise y était plus importante que partout ailleurs pour un travail identique. Pourtant, aucun des consultants ne logeait à plein temps dans cette maison. Qu'est-ce que cela aurait été si cela avait été le cas ?!

*Mercredi 11 novembre 1992. Niort, Deux-Sèvres. Confirmation des évidences.*

Proposer un jour férié pour fêter le jour de l'armistice est une excellente initiative que personne ne contredira. Mais pour les personnes en déplacement, ces jours fériés ne prennent véritablement leur valeur qu'un lundi ou un vendredi, sinon il est impossible de rentrer chez soi pour une seule journée ! C'est alors souvent l'occasion de visiter la région d'accueil. Cette fois-ci, le temps ne s'y prêtait pas : une tempête avait sévi toute la nuit du mardi au mercredi. Je m'étais levé plusieurs fois pour raccrocher les volets et éviter ainsi qu'ils battent toute la nuit. Cette situation était pour le moins désagréable surtout dans une maison hantée !

J'ai cependant apprécié de pouvoir rester toute la matinée sous ma couette et traîner jusqu'au milieu de l'après-midi. Je décidai alors de rendre visite à une collègue de travail, Élise B. originaire de Nantes. À mon arrivée, elle n'était pas seule chez elle. Mylène, une de ses amies nantaises, lui rendait visite. Elles avaient prévu de dîner ensemble et proposèrent de me joindre à elles. J'acceptais avec plaisir. Nous partîmes pour le restaurant.

Dans la conversation, Élise fit allusion à la tempête de la nuit précédente. Au courant de la situation de la maison, elle m'adressa un sourire complaisant puis me demanda comment s'était passée la nuit. Je lui répondis qu'il n'y avait rien eu de plus qu'une nuit très bruyante due à la tempête. Mylène demanda plus d'explications concernant ces sous-entendus. Élise prit la parole et s'excusa auprès de sa copine de ne pas l'avoir mise au courant plus tôt, d'autant plus qu'elle était médium. Un long dialogue commença entre nous deux sur la maison hantée. J'eus droit à mon premier cours d'ésotérisme pour le néophyte que j'étais.

Élise écoutait, sceptique. Ce sujet n'avait pas l'air de faire partie de leurs conversations habituelles. Une table avait été réservée dans le restaurant turc à proximité du donjon au bord de la Sèvre niortaise. Tout au long du repas, la discussion fut très animée. Au moment du dessert, Mylène prit une feuille de papier et me demanda d'y dessiner les pièces de la maison. Je représentai alors rez-de-chaussée, cuisine, salon, âtre de la cheminée, escalier, dépendances, écurie... Puis, Mylène, sans connaître la fonction de ces pièces, sortit deux stylos de couleur et commença à se concentrer. À l'aide des stylos, Mylène ajouta, avec précision, deux points de couleur bleue, symbole de l'eau : l'un à gauche de la porte d'entrée et l'autre en face de la porte d'entrée dans la première pièce. Elle me demanda à quoi pouvaient correspondre ces points. Je ne trouvais rien à répondre.

Pour elle, ces points pouvaient représenter des robinets ou des concentrations de tuyaux. Avec ce complément d'information, je lui répondis : le second point était à la place de l'évier dans la cuisine mais le premier ne correspondait à rien.

Elle compléta alors le dessin avec deux ronds rouges, précisant qu'il fallait éviter ces deux endroits. Le premier était placé à l'entrée des dépendances —niveau du disjoncteur— et le second à gauche de la cuisine, à la place d'une table que nous n'utilisions jamais. Je remarquais, sans en faire part, que l'installation de mon lit à mon arrivée dans la maison était à la verticale de ce point au second étage.

Mylène plongea la main dans son sac puis nous regarda satisfaite : « J'emporte toujours un pendule avec moi ! ». Elle en sortit une petite boule accrochée à un fil. « Nous pouvons nous rendre dans cette maison ce soir même » ajouta-t-elle. Je ne ressentais aucune angoisse mais plutôt une sorte de soulagement. Peut-être arriverais-je à éclaircir ce qui se passe dans cette maison depuis un an ! Nous réglâmes la note. Direction : impasse des épinettes !

Je me garais dans la cour intérieure. À peine avais-je ouvert la porte d'entrée de la maison que Mylène cherchait déjà derrière les gerbes de lavande accrochées le long du mur quelque chose... « Gilles, il y a bien quelque chose à gauche de la porte ! » nous dit Mylène fièrement. En effet, derrière les gerbes de lavandes se trouvait un robinet ! Je restais le premier surpris, je ne l'avais jamais remarqué. Mais ce n'était que le début d'une longue liste de surprises…

Mylène nous proposa de faire un premier tour des pièces afin d'observer le comportement de son pendule. Elle commença à se déplacer, à pas très lents, dans les différentes pièces. Le pendule confirma le point rouge dessiné dans la cuisine par une légère inclinaison et une rotation sur lui-même. Les pièces du rez-de-chaussée ne nous firent rien découvrir de plus : le pendule se balançait légèrement mais sans angle significatif. Il en fut de même pour le premier étage. Arrivé au second, j'invitai les deux amies à entrer dans la grande chambre dans laquelle je m'étais installé initialement. À ma grande surprise, le pendule conserva un angle raisonnable.

Nous avions fait le tour de la maison, il n'y avait rien de significatif. Mylène proposa alors d'en refaire le tour. Rien de plus. Mais au second étage, Mylène remarqua une porte fermée sur le palier. « Qu'y a-t-il derrière ? » me demanda-t-elle. « Un débarras » répondis-je, surpris de ne pas y avoir pensé moi-même. Comme nous n'y allions jamais, je n'avais pas pensé à mentionner cette pièce minuscule d'à peine 1,5 mètre carré. Mylène nous proposa d'y entrer. Au milieu se trouvaient une pile de vieilles chaises et de nombreuses toiles d'araignées ! Seule une personne pouvait y entrer, en restant seulement sur le seuil. Mylène entra avec le pendule. Dès son arrivée, le pendule prit une rotation à l'horizontale avec une grande rapidité. C'est la première fois que je voyais un pendule autant en mouvement. Le plus surprenant, c'est qu'il se mit à tourner sans initialiser d'énergie cinétique, c'est-à-dire sans prendre de vitesse : il semblait l'avoir acquise instantanément. En bon sceptique que je suis, il m'apparut totalement impossible de positionner ce pendule à l'horizontale avec un mouvement de la main. D'autant plus qu'il conserva cet angle pendant cinq à huit secondes sans émettre une quelconque faiblesse ou baisse de régime.

Mylène tourna la tête vers nous : « Il y a bien quelque chose de bizarre dans cette pièce ! ». Élise et moi, nous regardions, stupéfaits, le pendule. Élise, nerveuse, avait des rires hystériques.

Personnellement, je commençais à prendre conscience de la situation rare et exceptionnelle que je vivais.

Mylène sortit du débarras pour faire le tour de la dernière pièce non visitée lors du deuxième passage : ma chambre. Le pendule reprit alors un angle de rotation peu marqué proche de la verticale. Mylène souhaita réétudier le cas du débarras et y entra de nouveau. Mais cette fois-ci le pendule ne manifesta aucune agitation particulière. Mylène se retourna vers nous et dit d'un ton ferme : « La chose a disparu… ou s'est déplacée depuis tout à l'heure ! ».

Je vous prie de croire que cette scène restera gravée dans ma mémoire toute ma vie ! Non seulement je n'avais jamais vu l'utilisation d'un pendule auparavant mais voir un lien entre un pendule —objet bien matériel— et un phénomène proche de la notion de fantôme peut laisser perplexe. Ce devait être la première angoisse de la soirée…

Mylène nous proposa d'entrer en contact avec ces éventuelles entités. Nous nous rendîmes dans le salon. Mylène avait besoin d'un objet pour servir d'intermédiaire ou d'interface, outil pour établir une communication avec l'au-delà. Elle prit une chaise pliante (!) et posa les deux mains sur l'avant du socle. Mylène assise sur le canapé commença à se concentrer. Élise s'assit en face de Mylène sur une chaise, de l'autre côté de la pièce, moi je pris place à droite de Mylène, face à la porte d'entrée. Nous formions un triangle nous permettant de nous observer.

Élise laissait échapper quelques rires convulsifs. Je pense qu'elle avait des difficultés à croire à la scène qu'elle était en train de vivre. Il faut dire que cela paraissait assez loufoque de voir une personne tenir une chaise pliante comme outil de communication avec l'au-delà ! Pour ma part, j'étais très troublé prenant de plus en plus conscience de la situation. Je n'avais plus à me remettre en cause, l'origine de tout cela n'était pas une situation psychologique personnelle mais bel et bien une maison hantée avec des entités !

Une dizaine de minutes de silence passa …

La chaise utilisée par Mylène commença à bouger d'avant en arrière, en petits à-coups irréguliers mais pour moi, rien de significatif.

Après quelques dizaines de secondes, je commençais à ressentir des bourdonnements d'oreille identiques à ceux des soirées précédentes… Une présence se manifesta, passa la porte d'entrée grande ouverte du salon et se déplaça vers Mylène. À son passage, je ressentis un courant d'air froid bien délimité sur mon bras gauche, côté le plus proche de Mylène. Je ressentais à l'identique la même présence que les jours précédents. Je commençais à prendre réellement conscience de l'expérience vécue les mois précédents : cela ne provenait pas de moi, pas d'un problème cardiaque ou psychologique lié à mon éloignement, pas un problème de fatigue lié à mon travail soutenu mais d'un véritable phénomène physique qui arrivait à interagir avec son environnement. J'étais stupéfait. J'attendais la confirmation du médium qui ne tarda pas à arriver.

Mylène prit la parole : « Je suis en contact avec une entité, elle est devant moi, dans la pièce. » J'eus alors la certitude absolue, partagée avec le ressenti de cet instant, d'avoir vécu quelque chose de surnaturel au cours des mois précédents.

Nous ne lui avons pas posé de questions à ce moment-là. Nous étions trop perturbés par ce qui se passait. Nous nous trouvions en dehors de toute situation classique, de tout enseignement scolaire et même de tout enseignement religieux. Ce type de phénomène vécu est extrêmement déstabilisant. Impression de sauter dans l'inconnu, sans référentiel, sans passé sur lequel s'appuyer. Un point fort néanmoins cette fois-ci, nous étions trois à vivre la même chose. C'était un peu plus rassurant !

Quelques instants plus tard, Mylène sortit de son état de haute concentration pour nous informer de la situation :
« C'est fini pour cette entité, elle a rejoint d'autres sphères. Mais ce n'est pas terminé.
— Pourquoi ? il y en a d'autres ? demandai-je.
— Oui, me répondit-elle, il y a trois entités rattachées à cette maison, je vais donc libérer les deux autres.
— Peux-tu nous expliquer ce phénomène ? demanda Élise.
— Au moment du passage dans l'au-delà, ce que nous appelons décès ou mort physique de la personne, lorsque le corps astral quitte son enveloppe, les choses ne se passent pas toujours bien. C'est souvent le cas des personnes trop matérialistes. Nous nous trouvons ici face à des personnes ayant subi des morts violentes ; il semble que cela date de la guerre de Cent ans ; elles sont restées attachées au lieu de leur sacrifice, c'est-à-dire cette maison. »

Mylène se concentra de nouveau. Le phénomène se renouvela deux fois comme elle l'avait indiqué auparavant. « Je vais demander à mon guide s'il n'y a plus d'entités » nous dit-elle. Quelques minutes plus tard, elle nous transmit la réponse :
« Il y a d'autres entités.
— Tu t'es trompée sur le nombre ? demandais-je ironiquement.
— Pas du tout, dit-elle, ces autres entités ne sont pas rattachées à la maison mais au lieu seulement. Il y en a beaucoup, aussi je vais les aider à atteindre les sphères plus adaptées à leur état. »

Mylène se concentra de nouveau, mains posées sur la chaise. Je ne ressentis rien durant ces quelques minutes, pourtant Mylène conclut :

— J'ai demandé qu'elles te rendent ton énergie, me dit-elle, puis quelques secondes plus tard ajouta :

— C'est fini, il n'y a plus d'entités rattachées ici. Gilles, tu ne devrais plus être gêné à partir de maintenant, affirma-t-elle.

Un peu sceptique sur cette rapide conclusion, je répondis tout de même :

— Je l'espère pleinement, la fin de cette nuit et les nuits prochaines apporteront la réponse.

— Es-tu sûr de pouvoir dormir ici ce soir ? me demanda Élise. »

Élise avait raison, après l'expérience de cette soirée, la nuit dans ce lieu ne serait pas évidente ! Mais heureusement je ne ressentais plus d'angoisse, plutôt du soulagement et une curiosité croissante, j'avais ma réponse mais il fallait que je la confirme. « Le challenge est intéressant ! Il faut bien savoir si cela a réussi ou pas ! ». Je raccompagnais donc les deux filles à leur voiture et leur promis de leur dire ce qui se passerait le lendemain matin.

De retour à la maison, je me retrouvais de nouveau seul dans la maison, mes deux collègues ayant prévu de revenir de Paris le lendemain matin. Un réel malaise persistait tout de même mais je me rendis directement dans ma chambre et fermai la porte. Je décidai d'éteindre la lumière mais très agité je n'arrivais pas à trouver le sommeil. Quelques minutes plus tard, je sentis une présence à l'entrée de la pièce, peut-être moins marquée que les autres fois.

Je pensais que Mylène s'était trompée. Que se passe-t-il ? L'entité contourna le lit, comme les autres fois pour s'approcher de mon visage. Je vis en moi comme un voile lumineux. Ma première réaction fut d'allumer la lampe de chevet. Il n'y eut aucun changement. « Va-t'en, j'ai sommeil ! » J'étais surtout déçu de l'erreur commise par Mylène. À ma grande surprise, l'entité disparut sans que je ressente la moindre douleur au cou. Le reste de la nuit fut tranquille mais je ne pus pas pour autant retrouver mon calme.

Le lendemain, je racontais à Élise l'événement. Surchargé de travail, je confiai à Élise le soin de mettre Mylène au courant de la nuit que j'avais passée. Elle n'avait pas de réponse, elle proposait seulement de revenir une prochaine fois. Finalement, les nuits suivantes se sont révélées sereines sans aucune présence comme les mois précédents. Le phénomène avait bien disparu au fil des jours grâce à Mylène, la maison n'était plus hantée.

Dire que nous nous sentions bien dans cette maison aurait été un peu optimiste ! Difficile de se séparer d'une année d'angoisse comme celle que j'ai vécue. Dès que j'entrais dans cette maison, j'avais toujours une montée d'angoisse, tout comme au moment d'éteindre la lumière de ma chambre. Au moment de m'endormir, je restais attentif à tous les bruits bizarres soucieux de scruter toute la pièce, en attente de quelque chose ou de quelqu'un. Je ressentais moins de fatigue mais cela ne me semblait pas significatif. Je pensais alors cette histoire bien terminée mais je me trompais…

*Mercredi 6 janvier 1993. Niort, Deux-Sèvres. L'épilogue de cette aventure.*

Le démarrage du nouveau système d'information de la MACIF eu lieu comme prévu en début d'année. Nous entrions alors dans la phase de maintenance informatique du projet. Jean nous indiqua que nos contrats étaient renouvelés toutes les semaines, mon départ était imminent. Nous avions instauré un mode de travail en trois huit, de manière à pouvoir absorber la charge de correction fluctuante due aux incidents ou anomalies décelées par les utilisateurs dans les différentes régions de la MACIF et par les différentes équipes informatiques régionales. Xavier avait pris quelques jours de congés forcés : un de ses proches était entré à l'hôpital pour raisons graves. Seul Robin et moi étions présents dans la maison.

Vendredi 15 janvier 1993, Jean m'informa que mon contrat s'arrêtait à la fin de la semaine, c'est-à-dire le dimanche 17 janvier. Il souhaitait que je travaille le lendemain, samedi, en binôme avec Robin. J'acceptais et envisageais donc de rentrer à Marseille le dimanche dans la journée.

Dans la nuit de vendredi, je vécus le même phénomène qu'auparavant : une entité se trouvait dans ma chambre. Mon ressenti fut tout d'abord identique à ceux ressentis avant l'intervention de Mylène mais sans douleur au cou, là c'était un rideau lumineux de couleur très vive qui était à l'intérieur de mon corps. J'allumai la lampe de chevet pour me rassurer. Mais le rideau lumineux persistait, la vision de la chambre était en arrière-plan. Je ne ressentais aucune douleur, j'avais simplement l'impression de partager mon corps avec quelqu'un d'autre : l'esprit que j'avais permis de libérer avait intégré mon corps !

J'entendis alors des mots comme à l'intérieur de moi. Il s'agissait de formules de paix, sérénité et remerciements. L'entité me disait que c'était ma dernière nuit dans cette maison. Elle venait me remercier de l'avoir aidée à rejoindre les sphères actuelles. Je n'avais pas besoin de parler : nous nous comprenions comme si nous étions connectés, mes sentiments étaient partagés sans aucun effort —articuler, construire une phrase, décoder un flux auditif—, tout était naturel. Puis l'esprit repartit tout comme il était venu, simplement. Cette scène a duré quelques minutes me semble-t-il. Mais je n'en suis pas certain, le temps semblait, autre.

Comment se fait-il que l'entité puisse contredire les directives de mon manager ? Ne devais-je pas travailler le lendemain, samedi, avec Robin, et dormir la nuit de samedi dans cette maison pour repartir pour Marseille, dimanche ? Ce point m'a extrêmement troublé toute la nuit. Samedi matin, nous rendîmes très tôt au travail comme convenu avec Jean, curieux de voir ce qui allait se passer au cours de cette journée.

À notre arrivée, Jean était en train d'évaluer les incidents survenus au cours de la nuit afin de les corriger et la charge générée. Jean se tourna vers nous et nous dit qu'il avait surévalué la charge de travail, nos interventions n'étaient pas justifiées. « Finalement, vous pouvez prendre votre week-end ! » conclut-il avec un grand sourire.

Robin décida de rentrer directement à Paris. Je me retrouvai seul, avec un week-end libre, face à un véritable dilemme : rentrer à Marseille et finalement confirmer les propos de l'entité ? Ou rester un peu plus à Niort et ainsi me prouver que je restais maître de moi-même ? Que décider ?... La tentation de rester était forte, j'avais tellement le sentiment de ne plus être moi-même, de ne plus être maître de ma destinée ! Mais à ce moment-là, je savais que tout était encore possible : je n'avais qu'à décider. Rester un jour de plus me servirait seulement à démontrer que l'entité se trompait mais, je perdais un week-end que j'aurais pu passer avec mes proches. Je savais que je pouvais le faire : qu'est-ce que cela m'apportait de plus ? Rentrer chez moi à Marseille, était la simplicité même, cela m'apportait bonheur et sérénité. C'était la décision la plus évidente que j'aurais prise spontanément si l'entité ne me l'avait pas annoncé par avance ! Je n'aurais pas hésité une seconde !

Très tourmenté par cette dernière expérience, je décidais quand même de préparer mes affaires et de rentrer le jour même à Marseille. Même si je brûlais d'envie de rester une journée de plus, le bonheur de rentrer chez moi, revoir mes proches et ma maison était plus fort. Cette dernière solution, évidente, prit le dessus. Et puis, je le reconnais, cette histoire devenait trop lourde, trop pesante, je souhaitais ardemment passer à autre chose, vivre ma vie, tout simplement.

C'est ainsi que se termina cette histoire. Plus jamais je ne revis Jean, Robin, Élise et Mylène. Je le regrette, il aurait été intéressant d'entendre leur vision des événements, surtout Mylène. Quant à Xavier, j'eus l'occasion de le revoir beaucoup plus tard, en région parisienne sans vraiment reparler de cette période niortaise mais plus généralement des événements récents et des conséquences de nos divorces respectifs. Nos souvenirs communs étaient avant tout ancrés dans les soirées bien arrosées passées ensemble avec Robin ou dans les différents restaurants niortais que nous avions eu l'occasion de tester pendant cette année de mobilité.

Les réseaux sociaux, quelques années plus tard, me permirent de renouer virtuellement avec Xavier, je retrouvais ensuite la trace de Robin. Puis celle de Jean, embauché à la MACIF après le projet, qui ensuite déménagea dans la région parisienne comme consultant indépendant. Je ne revis plus jamais la bande.

En août 2014, malgré mes recherches, je n'ai pas retrouvé trace d'Élise ou de Mylène. Une nouvelle recherche en janvier 2019 m'a permis de retrouver Élise qui n'avait plus de contact avec Mylène depuis son divorce.

Cette partie a été rédigée à partir de notes prises peu après les faits en me disant qu'il serait regrettable d'oublier tous ces événements. Malgré les nombreux déménagements, je n'ai jamais perdu ces quelques feuilles. J'ai eu l'occasion de partager cette expérience avec de nombreuses personnes à chaque fois interrogatives, voire préoccupées ou encore intéressées par cette exceptionnelle aventure. C'est surtout sa chute qui m'a permis de réfléchir sur notre destinée humaine.

Mes réflexions sur la destinée sont parties de cette expérience et m'ont fait comprendre qu'il vaut mieux s'écouter pour optimiser sa liberté d'agir ou plutôt pour interagir durant toute sa vie terrestre. C'est mon intime conviction.

C'est pourquoi j'ai décidé de partager mon expérience avec plus de monde ainsi que mes réflexions sur la Vie qui mûrissent en moi depuis plus de vingt années. Sujet passionnant se limitant en l'état à partager mes intimes convictions puisque la science n'apporte aucun élément. Le point fort de mes réflexions est qu'elles sont basées sur une expérience vécue durant plus d'une année. Ce n'est donc pas un livre philosophique. Chacun est apte à faire sa propre idée. N'oublions pas non plus que nos vies trépidantes, trop souvent, nous éloignent des fondements les plus importants d'une vie terrestre où nous serons tous concernés par la mort, un jour ou l'autre.

*« La connaissance s'acquiert par de l'expérience,*
*Tout le reste n'est que de l'information »*
Albert Einstein

# Deuxième partie

Mes déductions, bases de ma démonstration

« *C'est dans l'absolue ignorance de notre raison d'être qu'est la racine de notre tristesse et de nos dégoûts.* »

**Anatole France, Le jardin d'Epicure, 1894**

Le but de cette deuxième partie est de détailler certains concepts. Le changement de style est donc radical.

Mon approche est systémique en empruntant aussi son vocabulaire (système, interagir, interrelations, processer…). Je considère ainsi des concepts comme des systèmes abstraits. Mais je ne m'aventurerai pas à détailler le fonctionnement d'un esprit ou d'un fantôme : ce sont des « systèmes » bien trop complexes pour mon —pour notre— niveau de connaissance. La méthodologie retenue : choisir un terme, en rappeler la définition issue du dictionnaire en ligne larousse.fr, faire le lien avec mon expérience à Niort en développant une approche empirique, puis développer ma théorie basée sur mon intime conviction, mon expérience, mes discussions et mes quelques lectures enfin d'en proposer une nouvelle définition. Certains y reconnaîtront des principes religieux dont particulièrement des éléments de principes bouddhistes. Quant à ceux qui seraient hermétiques à ces principes et trop éloignés des dogmes actuels, je les invite à se poser les questions suivantes : « Quel intérêt ai-je eu à passer autant de temps et de recherches pour une histoire aussi rocambolesque ? Histoire qui ne m'apportera rien si ce n'est le risque de me ridiculiser ! ». Mais c'est un plaisir pour moi de partager avec vous une histoire extraordinaire au sens propre du terme.

> *« Toute vérité franchit trois étapes.*
> *D'abord, elle est ridiculisée.*
> *Ensuite, elle subit une forte opposition.*
> *Puis elle est considérée comme ayant toujours été une*
> *évidence. »*
> Arthur Schopenhauer, philosophe allemand

Ma manière d'interagir avec vous a été d'écrire ce livre. Aussi, je vous remercie, par avance, pour votre indulgence car je sais qu'il y aura des erreurs. Il possèdera une marge de progrès, peut-être pour en faire de nouvelles éditions ? Sur ce sujet, le travail par itérations me paraît adapté.

Dans tous les cas, je suis très intéressé par les échanges nombreux et constructifs qui peuvent apparaître après lecture !

Un chapitre est dédié à la notion d'esprit dans cette partie. Mais pour faciliter la lecture, j'anticipe ce point en précisant que je ne parle que d'esprit dans ce livre car je considère que l'âme fait partie intégrante de l'esprit et sert d'interface entre l'esprit et le corps. Ce « module » de l'esprit n'a donc pas de raison d'être en dehors d'une vie terrestre.

Même si le sujet est traité le plus sérieusement possible, se basant sur de nombreuses recherches et réflexions partagées avec des personnes d'origines très diverses, je garde toujours en tête la citation de l'humoriste et comédien français Pierre Dac : « La prévision est difficile surtout lorsqu'elle concerne l'avenir ».

Restons humbles devant ce sujet qui cherche à comprendre si la vie a un sens. La destinée reste bien liée à l'avenir de l'humanité, ce sujet restera un sujet central pour longtemps.

# Les fantômes : une situation entre deux dimensions

Définition du dictionnaire : Apparition d'un défunt sous l'aspect d'un être réel[2]

Je n'ai aucun doute sur ce point : le phénomène existe ! Mais nous sommes dans un cas particulier. La mort doit nous permettre de « changer d'état » rapidement pour changer de dimension. En conséquence, la vie continue après la mort. Il existe une Vie au-delà de la vie terrestre.

Dans le cas observé, cet état « entre deux » est subi par le défunt. Cela m'a été apporté par ses remerciements lors de la dernière nuit dans cette maison. Ce fantôme ne demandait qu'à rejoindre sa sphère mais il n'y arrivait pas tout seul. Il a fallu l'aide du médium pour terminer cette étape.

Nous pouvons interagir avec un fantôme mais de manière limitée. Nous pouvons observer ses effets sur la matière, nous pouvons échanger de l'énergie. Nous arrivons à communiquer avec lui, même si mon expérience n'est pas flagrante sur ce point puisque la vraie communication obtenue s'est effectuée avec l'entité ayant rejoint sa sphère et pas avec le « fantôme ». Cependant, le médium a bien obtenu une communication. Aussi, nous pouvons aider un fantôme à rejoindre sa dimension et terminer son « changement d'état ». C'est un point important.

Un fantôme est un individu à part entière, autonome, il réfléchit et a besoin d'énergie. Il modifie l'espace qu'il utilise, concrétisé par une différence de température. Il fait plus froid autour du fantôme qu'ailleurs dans la pièce. La délimitation du fantôme

---

[2] Définitions issues du Dictionnaire en ligne Larousse.fr, Éditions Larousse. Je remercie les Éditions Larousse pour leur accord.

—sa frontière au sens systémique— est très précise, similaire à une enveloppe délimitée par l'image de ses vêtements lorsqu'il ne bouge pas. Ses déplacements se font sans à-coups et sont parfois accompagnés d'un courant d'air froid. Cet espace est accompagné d'un halo lumineux plus ou moins marqué. Ses habits semblent être ceux portés au moment de sa mort. Dans le cas que j'ai vécu, il n'y avait aucune trace de blessure sur lui. Dernière observation : il peut aussi être accompagné d'un faible phénomène sonore, surtout audible lorsque l'environnement est parfaitement silencieux. Celui-ci n'est pas comparable à des acouphènes mais plutôt au ressenti que vous avez lorsque vous êtes près d'une ligne à haute tension en période humide, pluvieuse.

Le fantôme arrive à passer au travers de la matière comme les portes ou les murs, ce que j'ai constaté de nombreuses fois. Il privilégiait le passage d'une porte ouverte plutôt qu'un mur, contournait le lit pour s'approcher de moi. Il doit voir la pièce comme nous la voyons. Il marche sur le même plancher que nous. Ce point est étrange car il semble subir les effets de la gravitation tout en pouvant passer au travers d'éléments matériels. Cela paraît impossible, car c'est en contradiction complète avec la deuxième loi de Newton appelée « principe fondamental de la dynamique », celle d'action-réaction : s'ils marchent, c'est qu'ils exercent une force sur le sol, tandis que s'ils traversent les murs, c'est qu'ils n'en exercent aucune et les deux ne sont pas compatibles[3]. Il me semble que l'utilisation du verbe « marcher » n'est peut-être pas adapté, il serait préférable de dire « flotter » selon mes observations. Peut-être bénéficie-t-il, ainsi

---

[3] Physicien Costas Efthimiou, de l'université de Floride centrale (UCF), a décidé d'utiliser les armes de la physique et des mathématiques pour démonter certaines croyances tenaces : les fantômes ne peuvent pas marcher et passer au travers des murs.

des caractéristiques des supraconducteurs[4] ? ou même d'un supersolide[5] ?

Les trois états de la matière : solide, liquide, gazeux sont enseignés à l'école. Il semble que d'autres états peuvent émerger lorsque nous sommes proches du zéro absolu[6]. C'est en tous cas ce que démontre la physique quantique actuelle. Nous n'étions pas proches du zéro absolu en effet, mais force est de constater que mon observation possède les caractéristiques d'un supersolide : la forme et le volume sont définis, cette matière passe au travers d'autres matières. Dans un tel solide, les atomes sont en effet si peu liés que ce phénomène foncièrement quantique peut se manifester.

Il venait le soir, une fois couché dans mon lit. Pouvons-nous parler d'habitudes bien établies ? Cela me fait dire qu'il partageait la même notion de temps que moi car il n'est jamais venu deux fois dans la même journée pour prendre mon énergie.

Il m'est toujours apparu la nuit ou en soirée et se trouvait dans le cagibi du second étage sans fenêtre. Le fantôme évitait-il la lumière du jour ? Quel antagonisme pourrait-il y avoir entre un fantôme et l'énergie du soleil ? La chaleur provient de l'agitation des atomes. Peut-être qu'un fantôme cherche à maintenir une

---

[4] C'est le cas du train japonais baptisé Maglev pour Magnetic levitation qui reste en lévitation magnétique grâce aux caractéristiques d'un matériau devenu supraconducteur.
[5] Un supersolide correspond à un solide à très basse température (proche du zéro absolu, soit -273,15 °C) dans lequel une fraction d'un corps solide s'écoulerait à travers le reste du solide à la manière d'un superfluide, c'est-à-dire sans friction ni dissipation d'énergie. www.futura-sciences.com
[6] Sur l'échelle des degrés Celsius il vaut exactement -273,15°C par convention. C'est la température la plus basse permise par la physique

température basse ? Peut-être arrive-t-il ainsi à bénéficier des caractéristiques des supraconducteurs ?

Le faible halo lumineux, cette atmosphère cotonneuse qui entoure le fantôme, me fait dire qu'il est tout de même constitué d'atomes. La différence entre un fantôme et un esprit est-elle liée au poids ? la théorie des 21 grammes correspondant à la masse de l'âme lors d'un décès (Théorie du médecin américain Duncan MacDougall publiée dans le New York Times et la revue American Medicine en mars 1907) est moindre que la différence de masse calculée lors de sorties du corps : 45 grammes (les responsables de l'Institut suisse des sciences noétiques ISSNOE, ont mené toute une série d'expériences différentes sur un jeune français qui assure pouvoir sortir de son corps). Mais ces expériences se basent sur des échantillons trop faibles pour être considérées comme un résultat scientifique. Cependant, nous trouvons la psychostasie, cérémonie de la pesée de l'âme, dans de nombreuses religions comme le mazdéisme[7], le christianisme, l'islam… et en Inde, au Japon, au Tibet, en Égypte ancienne. Elle scelle le défunt à une Vie sans fin ou à une renaissance sur terre. C'est un axe d'étude intéressant car cela pourrait expliquer la différence entre un esprit qui a réussi à rejoindre sa sphère et le fantôme toujours rattaché à notre monde bien matériel. Le fantôme qui pourrait être considéré comme un phénomène proche d'une sortie de corps, contient trop d'atomes pour se détacher de notre monde et ainsi changer d'état.

Au moment de notre mort, notre enveloppe libère notre esprit qui retrouve sa dimension atemporelle. Lorsque ce changement d'état dysfonctionne, l'esprit n'est pas totalement libéré ce qui l'empêche de retrouver une partie de sa dimension tout en restant dans notre espace-temps. Cet état intermédiaire n'est pas voulu et n'est pas souhaitable pour l'être qui le subit : il ne peut plus

---

[7] Religion dualiste de l'Iran ancien

réellement interagir sans pour autant bénéficier des avantages de la sphère qu'il devait rejoindre. Cette situation entre deux états me semble similaire à une prison. La situation de fantôme est subie. Une interaction extérieure peut-elle l'aider à retrouver l'état-cible souhaité ou peut-il y arriver tout seul, avec beaucoup de temps ?

Étant toujours rattaché au monde terrestre, il a besoin d'énergie donc il la « vole » aux autres êtres vivants. Pourquoi utiliser un terme aussi fort ? Tout simplement parce que notre énergie est notre capital qui nous est indispensable pour bien vivre. Sa perte peut générer avec le temps des troubles pour l'être humain. Le fantôme s'approprie l'énergie indûment, sciemment en lésant le corps terrestre. C'est un prédateur malgré lui.

J'en déduis que la vie terrestre est une expérience personnelle. Ce fantôme s'est retrouvé dans cette situation qu'il subit, seul face à ce problème. Je n'ai pas vu d'autres entités vouloir l'aider. Lors des premiers contacts, j'ai ressenti sa haine pour les êtres humains mais cette situation s'est apaisée au fil du temps. Un fantôme conserve son caractère et l'image de ses habits. Il conserve aussi une très faible possibilité d'interagir avec les autres êtres vivants. C'est bien la raison pour laquelle je compare cette situation à une prison car être sur terre sans interagir doit être horrible si l'on considère, comme moi, que c'est la finalité de notre existence sur terre !

Dans le cas de mon expérience niortaise, ces entités n'étaient que très peu visibles sous forme de halos lumineux. Mais elles contenaient un espace plus froid que la température ambiante quelle que soit la saison et étaient très bien délimitées au niveau de l'espace utilisé. Il semble que ce soit variable. Certains halos lumineux peuvent être beaucoup plus visibles que d'autres, d'où cette notion de fantôme, on peut alors voir nettement la personne telle qu'elle était au moment de sa mort, l'esprit s'imprégnant de la forme de l'enveloppe dans laquelle elle se trouvait. Pour quelle raison les habits sont-ils pris en compte ? Il me semble que tout ce qui est en contact avec notre corps, bénéficie d'une « prise en compte », comme s'ils étaient englobés dans notre enveloppe énergétique.

L'eau semble faciliter la matérialisation de ces esprits perdus. Les régions humides et les pays où il pleut souvent possèdent beaucoup plus de légendes, d'événements ou de faits de ce type. Un lieu avec une rivière souterraine facilitera aussi ces contacts ou ces apparitions.

L'histoire du lieu a aussi son importance. On peut croire que ceux qui ont subi des guerres ou un nombre important de morts violentes possèdent beaucoup d'entités. Cette situation me semble mauvaise car cela génère beaucoup d'interférences entre notre monde et les entités. Les êtres en vie sur terre doivent pouvoir trouver la sérénité et vivre pleinement leur état. Ce n'est pas toujours possible si le nombre d'entités est trop important. Il suffit de penser aux nombreux lieux hantés, maudits ou étranges faisant référence à des lieux de batailles historiques pour nous en convaincre. C'est le cas de Niort. Lors de la Guerre de Cent ans la population fut massacrée par les anglais puis délivrée en 1372 par Bertrand Du Guesclin.

Je me suis demandé si d'autres personnes avaient vécu ce même type d'expérience avec prélèvement d'énergie. Je n'ai rien trouvé mis à part les 10% des français qui affirment avoir déjà ressenti la présence d'un fantôme (article dans science et vie[8]). Cependant, les caractéristiques décrites sont proches des

---

[8] Le paranormal décrypté par la science, https://www.science-et-vie.com/archives/fantome-voyance-sortie-de-corps-vous-avez-dit-bizarre-9-expériences-paranormales-32050

légendes des vampires qui puisent leurs origines dans les traditions mythologiques très anciennes et bien diverses : Caïn, le second fils d'Adam et Ève, condamné à l'exil par Dieu pour avoir tué son frère Abel, serait le premier vampire connu. En fonction des régions et de la période, on décrit ce monstre aspirant le sang mais aussi l'énergie vitale de ses victimes selon l'encyclopédie du paranormal[9]. Prédateur et immortel, condamné à errer. Dans mon expérience, le processus était identique et quotidien : deux piqures orientées vers le bas à la base du cou, quel que soit le côté, qui ne laissaient aucune trace. Fatigue permanente et sentiment de me vider, au moment même, prouve bien qu'il s'agissait d'énergie.

Fort de mon expérience, je me suis demandé s'il était possible que l'incarnation de l'esprit au moment de la naissance se déroule mal. Il doit arriver certains cas où l'esprit a des difficultés à intégrer le fœtus avec pour conséquence la mort de celui-ci. Ces naissances ratées doivent être assez courantes puisque l'on recense environ 2,6 millions de nourrissons mort-nés par an dont la moitié au moment de l'accouchement. Bien évidemment, beaucoup pourraient être évitées avec un meilleur suivi des grossesses mais dans 39 % des cas, la mort fœtale reste inexpliquée, précise le RHEOP[10].

Définition proposée de fantôme : Être vivant défunt toujours en lien avec des éléments matériels.

---

[9] http://www.paranormal-encyclopedie.com/wiki/Articles/Vampire
[10] RHEOP : Registre des handicaps de l'enfant et observatoire périnatal.

# La mort : une métamorphose pour l'esprit

Définition du dictionnaire : Perte définitive par une entité vivante (organe, individu, tissu ou cellule) des propriétés caractéristiques de la vie, entraînant sa destruction[11]

Aucun élément factuel me prouve que j'étais en contact avec un être vivant ayant subi la mort. C'est le médium qui me l'a affirmé. C'est seulement au moment des remerciements de l'entité que nous pouvons en déduire que l'état de fantôme était subi et non voulu, et l'état d'entité était souhaité sans pouvoir l'atteindre seul. Les remerciements me prouvent que le fantôme se trouvait dans une phase intermédiaire, un état hybride, un état d'errance non voulu. L'esprit était bien en possession de toutes les informations acquises lors de notre cohabitation : l'intervention du médium a changé l'état du fantôme mais pas son contenu.

À la suite de la mort, l'esprit retrouve son indépendance. Il n'est plus prisonnier d'une enveloppe biologique. La contrainte temporelle subie au travers de l'enveloppe terrestre disparaît.

> « La mort n'est pas le contraire de la vie.
> La vie n'a pas de contraire.
> Le contraire de la mort est la naissance.
> La vie est éternelle. »
> Eckhart Tolle, Le pouvoir du moment présent, 2001

---

[11] Définitions issues du Dictionnaire en ligne Larousse.fr, Editions Larousse.

Après avoir partagé avec le lecteur mon expérience niortaise qui a duré environ un an et demi, certaines convictions sont pour moi des évidences. C'est ainsi qu'il me paraît évident que la mort est seulement un changement d'état pour l'esprit. Cet esprit durant la vie utilise pleinement son enveloppe corporelle : elle lui permet d'exister dans notre monde terrestre en trois dimensions, d'être visible, d'agir et d'interférer avec la matière et surtout avec les autres êtres vivants. Une fois l'enveloppe charnelle usée par le temps, elle s'arrête selon un processus lent et maîtrisé par l'esprit l'habitant dans le cadre d'une mort naturelle. Avant même que l'enveloppe charnelle ne meurt totalement, l'esprit a le pouvoir de s'en détacher pour retrouver son état hors espace-temps. L'esprit retrouve alors sa réelle dimension, son état normal. Il vit passé, présent et futur. Son but est alors de rejoindre/retrouver les autres sphères.

Dans certains cas, l'esprit n'arrive pas totalement à se détacher de notre monde matériel. C'est souvent le cas lors d'une mort violente, non voulue par l'esprit qui l'habite. L'esprit entre alors dans une phase d'errance pouvant durer des siècles terrestres. Il se retrouve dans un état intermédiaire, entre notre monde et la première sphère, conservant certains besoins humains mais arrivant difficilement à interagir avec la matière. Selon mon expérience niortaise, les fantômes conservent tout leur état de conscience. Ils ne sont pas en état végétatif ou en survie artificielle. Cette énergie garde alors la forme de son enveloppe charnelle mais peut passer au travers de la matière. Elle peut être rattachée à un lieu sans pour autant vivre pleinement ce résidu de vie terrestre. Elle erre… ne faisant partie d'aucun monde. Il me semble que c'est la pire des choses qui puisse nous arriver !

Que lui manque-t-il pour rejoindre sa sphère ? D'après mon expérience, c'est encore une énergie qui peut la lui permettre en se détachant de la matière. Le contact entre un médium et un esprit décidé à rejoindre sa sphère lui permet de trouver les ressources lui manquant pour atteindre le tunnel lumineux servant d'interface entre notre monde et les sphères. Mais ce sont des cas particuliers car, en règle générale, le processus naturel permet naturellement à l'esprit de rejoindre sa sphère.

Notre corps est composé d'atomes comme les corps inertes. Cela veut dire que la matière inerte peut recevoir la vie. Ce corps répond aux lois physiques. Sa constitution physique est la même avant et après la mort car les atomes ne meurent pas. La différence provient du fait que les molécules sont remplacées régulièrement de manière identique lorsque nous sommes vivants mais ne le sont pas de manière identique lorsque nous sommes morts. La différence est énergétique. L'esprit fournit l'énergie vitale nécessaire pour conserver l'ordre et la cohérence. Sans esprit, le corps s'oriente vers le désordre. Nous pouvons ainsi dire que l'esprit influence la matière.

Nous pouvons définir la mort comme une perte des propriétés caractéristiques de la vie par le découplage définitif et total de l'esprit avec son enveloppe corporelle.

Définition proposée de la mort : Découplage définitif de l'esprit et corps entraînant la destruction de ce dernier.

# L'esprit : l'énergie vitale de l'être

Définition du dictionnaire : Partie incorporelle de l'être humain, par opposition au corps, à la matière[12]

Les esprits représentent les entités qui ont réussi à rejoindre leur sphère. D'après la dernière interaction que j'ai eue avec l'esprit, j'ai la preuve qu'un esprit peut interférer avec notre dimension. J'ai eu aussi la preuve qu'un esprit connaît notre futur. De plus, il est venu me remercier. Il a donc fait l'« effort » de revenir sur place pour entrer en contact avec moi. Cela veut dire que c'était important pour lui. C'est pourquoi, je suis convaincu qu'il possédait des émotions, du respect et de la reconnaissance. Il semblait heureux d'avoir rejoint sa sphère. Je n'ai aucun souvenir d'une autre forme de fantôme comme les entités.

L'esprit est avant tout une quantité d'énergie. Cette quantité peut varier pour donner suite à une vie terrestre. En l'état actuel des choses, il me semble que ces esprits restent rattachés à une sphère autour de notre planète. Les esprits peuvent décider de revenir sur terre : c'est le cas de la réincarnation. C'est seulement après l'atteinte d'un niveau énergétique supérieur que nous pourrons atteindre des sphères supérieures au-delà de notre planète maternelle. Notre état étant primaire, en début d'évolution, ces sphères sont actuellement inaccessibles.

Les esprits se retrouvent hors temps, hors espace. Ils vivent passé, présent et futur en même temps. C'est pour cette raison que l'esprit a justifié sa présence en disant que c'était la dernière

---

[12] Définitions issues du Dictionnaire en ligne Larousse.fr, Éditions Larousse.

nuit que je passais dans cette maison : il accédait à une vue de ma vie entière et connaissait cette situation.

Mon expérience démontre qu'il peut exister des interactions entre les esprits et nous. Il a toujours existé des croyances, de tous temps, en des esprits de lumière, des créatures célestes, des intelligences supérieures qui aident les êtres humains et les protègent du mal. Ces « messagers », étymologiquement parlant, possèdent une puissance considérable d'aide puisque le passé et surtout l'avenir font partie intégrante du même moment pour eux ; c'est pour cela que leurs conseils sont bien fondés. La personne aidée conserve, néanmoins, la décision finale puisque c'est elle qui choisira la direction à prendre.

*Pour quelles raisons, l'entité est-elle venue me revoir dans cette maison et pas ailleurs ? Elle aurait pu me remercier le lendemain ou une semaine plus tard ! Quelle importance ce lieu avait-il ? car finalement, je n'ai jamais revu cet esprit depuis.*

Je suppose que l'esprit avait peut-être des facilités pour revenir dans cette maison plutôt qu'ailleurs ; ou n'était-ce simplement que pour circonscrire mon angoisse ou mes préoccupations ? En effet, je n'ai jamais vécu d'expérience similaire ailleurs que dans cette maison. Je n'ai jamais ressenti d'anxiété lorsque je dors dans un lieu que je ne connais pas. Mais serait-ce la même chose si l'esprit était venu ailleurs, me prouvant ainsi qu'il pouvait m'atteindre à tout moment ? Cette situation aurait été très anxiogène à mon avis.

Dans la littérature, la plupart des approches font une distinction ternaire : corps, âme, esprit. Si l'on considère l'âme comme le siège de notre activité formant notre individualité, le propre de chaque être, elle peut être considérée comme une partie de l'esprit servant d'interface entre le corps et l'esprit. Elle permet une relation harmonieuse entre les deux car le corps et l'esprit ne sont pas en opposition. Lors de sa visite, l'esprit avait conservé sa propre personnalité, sa propre âme. Je me limiterai donc au dualisme de Descartes : corps et esprit qui nous obligent à nous interroger sur ce qui peut les unir :

« *Il y a une grande différence entre l'esprit et le corps, en ce que le corps, de sa nature, est toujours divisible, et que l'esprit est entièrement indivisible.* »
Descartes, Méditations métaphysiques

L'esprit ne se limite pas à notre cerveau et il peut influencer la matière. Il reste connecté avec l'univers tout entier. Il est avant tout constitué d'énergie et cherche à accroître cette quantité d'énergie.

« *La motivation de l'âme est son propre accroissement* »
Héraclite, Les fragments originaux - Ve s. av. J.-C

Nous pouvons ainsi dire que l'esprit est le second élément indispensable en plus de la matière pour constituer un être vivant et l'animer.

Définition proposée d'esprit : Source vitale d'un être vivant constituée d'énergie incorporée lors d'une vie terrestre.

# La vie terrestre et la libération de l'esprit grâce à l'évolution biologique

Définition du dictionnaire de vie : Caractère propre aux êtres possédant des structures complexes (macromolécules, cellules, organes, tissus), capables de résister aux diverses causes de changement, aptes à renouveler, par assimilation, leurs éléments constitutifs (atomes, petites molécules), à croître et à se reproduire.

Définition du dictionnaire de vie terrestre : Qui a lieu, qui se passe sur la terre, par opposition au ciel[13]

Si l'on considère que le fantôme possède toujours une structure matérielle, aussi infime soit-elle, la première partie de la définition reste vraie. Elle me semble être cohérente avec mes observations si l'on rajoute un peu d'énergie. Si l'on entend par activité autonome, la capacité de croire et de se déplacer où il le souhaite, ce point est aussi en cohérence avec mes observations.

Cette autonomie semble cependant se limiter à ces éléments comme un prisonnier se trouvant dans sa cellule avec impossibilité de pouvoir interagir avec d'autres êtres.

Nous pourrions imaginer que la vie terrestre est le temps qui s'écoule entre la vie et la mort. Mais mon expérience me démontre une approche différente. Cette expérience démontre que c'est l'esprit qui définit la fin sur terre —et certainement le début—. J'en déduis que la fin de la vie terrestre se déroule au moment où l'esprit rejoint la première sphère et non pas au moment où l'esprit quitte son enveloppe charnelle.

---

[13] Définitions issues du Dictionnaire en ligne Larousse.fr, Éditions Larousse.

La vie terrestre est avant tout celle que nous connaissons : naissance, acquisition de connaissances et autonomie puis la mort. Pour être plus précis, la vie terrestre commence au moment où l'esprit intègre l'enveloppe terrestre et se termine au moment où l'esprit rejoint la première sphère. Actuellement, la mort est constatée vis-à-vis de l'enveloppe physique mais pas de l'esprit.

Qu'en est-il de la naissance et de la vie intra utérine du bébé ? J'aurais tendance à dire que la science ayant démontré que l'acquisition des connaissances commence avant la naissance, l'esprit intègre le corps bien avant la naissance. Si l'on prend l'exemple d'une fécondation in vitro (F.I.V.), je suis convaincu de la constitution du binôme corps/esprit au moment de la fécondation in vitro. L'appropriation de ce nouveau corps ne peut être que progressive et atteindre son paroxysme au moment des premiers battements de cœur signe d'un début d'autonomie. Ainsi, nous précise le poète Khalil Gibran dans Le Prophète : *« Vos enfants ne sont pas vos enfants mais les fils et les filles de l'appel de la Vie à elle-même, ils viennent à travers vous mais non de vous, et bien qu'ils soient avec vous, ils ne vous appartiennent pas... »*. Enfin la première bouffée d'air marque l'ultime étape de l'incarnation.

Ce scénario d'une incarnation d'un esprit dans un corps implique la prise en compte d'un être pleinement adulte dès le départ et doit être considéré comme tel. Sa destinée est déjà établie.

Pour les dualistes, la matière et l'esprit sont deux réalités qui existent indépendamment l'une de l'autre, mais dont l'union permet l'apparition d'une vie sensible ou intelligente. Chaque humain est constitué d'un corps et d'un esprit qui interagissent étroitement. C'est cet esprit qui confère son individualité et son unicité à chaque être humain. De plus, il a le pouvoir de transgresser les lois matérielles par des miracles ou par des phénomènes paranormaux. L'esprit, donc l'individu, survit à la mort de l'organisme physique. Cette conception est très répandue en Orient.

*Pour quelles raisons, ce phénomène ne pourrait-il pas se reproduire ?*

J'aurais tendance à croire en la possibilité de réincarnation d'un esprit. Seule la vie terrestre permet à l'esprit d'évoluer d'une sphère à une autre, seule la vie terrestre permet à l'esprit d'évoluer au niveau énergétique. Et c'est seulement au moment des vies terrestres que l'esprit peut interagir, donc atteindre de nouveaux niveaux énergétiques plus élevés, de nouvelles sphères supérieures.

*Quelle différence entre la Vie et la vie ?*

Lors de notre vie terrestre, nous avons une existence physique, nous possédons une enveloppe construite à partir d'éléments terrestres, palpables pour être adaptée à la vie sur terre. Il n'y a aucun doute, le meilleur endroit où nous pouvons vivre avec cette enveloppe corporelle est la Terre. C'est le résultat actuel de ce processus lent que l'on appelle « évolution ».

*Comment comprendre l'évolution biologique ?*

Lorsque nous parlons d'évolution, nous parlons d'évolution de notre enveloppe corporelle et des changements que l'on peut constater au cours du temps qui permettent la meilleure adaptation possible à notre planète Terre. Elle nous permet, avant tout, d'être adapté principalement à la pression atmosphérique, à la durée d'une journée, à celle des saisons, aux dépendances aux astres comme le soleil—notamment la fourchette de température ambiante— ou la lune avec ses impacts gravitationnels. Pour cela, rien ne peut remplacer le temps car l'évolution est comparable à une longue chaîne dans laquelle nous représentons un simple maillon. Toute transmission d'un maillon à un autre tient compte de son expérience.

La loi du plus fort pouvait être déterminante jusqu'à maintenant. Le plus fort physiquement devait certainement être le plus adapté à son environnement local. Cela dit, l'élément déterminant n'est pas d'être adapté à une seule zone localement, la mobilité des groupes a permis la construction d'un premier réseau, des premières interactions, des premiers échanges, des premiers partages et des premières richesses qui font de nous des Hommes. L'adaptation ne peut se faire que par rapport à la planète, sinon tout changement de paramètre peut générer l'éradication.

Le commerce a permis aux idées d'être diffusées, de développer la confiance et la coopération, de maintenir la paix la plupart du temps. Mais il a aussi facilité la diffusion de maladies.

L'*Homo Sapiens* est devenu l'espèce qui a la prépondérance sur les autres espèces par l'influence, le nombre et l'étendue. Elle est l'espèce dominante de la planète Terre.

Mais si notre puissance est incontestable, notre réussite est collective, pas individuelle. Elle s'appuie sur de nombreux brassages génétiques. L'histoire de l'humanité est buissonnante[14] ! Cette approche me plaît beaucoup car c'est la

---

[14] Plusieurs espèces fossiles témoignent de l'évolution de la lignée humaine depuis 6 millions d'années. Ces fossiles appartiennent à deux genres, Australopithèque et Homo dont plusieurs espèces, possédant des caractères de la lignée humaine plus ou moins développés, ont coexisté : c'est une lignée à caractère buissonnant.

seule approche scientifique non dogmatique qui permette une remise en cause permanente de ce que l'on pense connaître.

D'autres êtres vivants sont capables de coopérer en grand nombre : les mammifères pour la plupart mais pas seulement. Fourmis et abeilles sont de bons exemples. Il n'est pas étonnant que l'on parle maintenant des arbres ou d'autres êtres vivants considérés comme moins évolués…

Notre spécificité est la flexibilité de nos systèmes établis de coopération sociale. L'adaptation encore une fois. Mais cette fois-ci, nous arrivons au stade de pouvoir adapter notre environnement à nous-mêmes et non plus l'inverse. Nous vivons dans des lieux à température constante, nous nous éclairons quand nous le souhaitons et amenons de l'eau potable où nous voulons.

Et cela va plus loin encore ! Nous sommes en train de construire un environnement à « intelligence ambiante » où tous les éléments qui le constituent vont bientôt posséder un peu d'intelligence. Ainsi nous allons pouvoir faire accélérer notre propre évolution. Cette intelligence ambiante va déplacer les frontières de notre propre intelligence. Ainsi, un être considéré comme intelligent aujourd'hui ne le sera peut-être plus dans cent ans ! Notre enveloppe va devoir évoluer pour s'adapter à ce nouvel environnement.

Pour donner suite à ces millions d'années d'existence, nous arrivons à prendre en main notre évolution au prix d'un véritable nettoyage ethnique avec la suppression de nombreuses espèces. La sélection naturelle est remplacée par une sélection intelligemment organisée. Ces disparitions n'ont pas toutes été occasionnées par l'Homme mais son évolution en a souvent bénéficié. C'est le cas des mammouths, des rhinocéros laineux et des ours des cavernes qui n'ont pas survécu à la disparition de leur biotope à la fin de la dernière glaciation, réduisant ainsi le nombre de menaces pour l'Homme.

Le temps nous permet de modeler notre environnement, nos enveloppes corporelles et ainsi de faciliter nos interagissements. Mais ce temps nous impose un début et une fin de vie terrestre puisqu'il est nécessaire d'être en possession d'une interface pour interagir. L'interface utilisée est notre corps qui nous permet de toucher, porter, fabriquer, façonner, détruire, sculpter notre environnement. L'évolution humaine tend vers une construction corporelle pour faciliter l'expression de l'esprit. Notre évolution sera terminée lorsque notre corps n'aura plus aucune contrainte afin de permettre à notre esprit de s'exprimer tout en utilisant notre corps modelé comme nous le désirons pour interagir en continu. Ainsi notre esprit pourra interagir librement et sans contrainte sur la matière vivante et son environnement.

L'évolution de notre corps terrestre se fait avec les étapes suivantes :
- Recherche de la meilleure adaptation à l'environnement terrestre et d'autonomie,
- Toujours la recherche de la meilleure adaptation avec un dédouanement de l'espace,
- Toujours la recherche de la meilleure adaptation avec un dédouanement de l'espace et un dédouanement du temps.

Le monde actuel entre dans l'ère de la communication, fibre optique et internet favorisant le contact virtuel auprès d'un nombre de personnes de plus en plus important. La situation géographique ne compte plus, bientôt, la langue utilisée n'aura plus d'importance. J'aurais donc tendance à dire que l'on entre dans la seconde phase de l'évolution : le dédouanement de l'espace.

Nous pouvons aussi remarquer que le « j'ai » est progressivement remplacé par le « je suis » dans nos sociétés *leader*. La possession perd de son importance pour donner priorité au temps présent, aux actions vécues, au partage d'évènements que l'on peut associer à une communion. Ainsi, le montant du salaire perd son importance face à la possibilité de partir en vacances, les naissances sont des évènements où l'on souhaite être présent, l'accueil du bébé dans le lieu de vie un moment partagé. Même le championnat du monde de football est ressenti comme devant être partagé par tous et en même temps. Pour la plupart d'entre nous, cette expérience va bien au-delà de connaître le gagnant car finalement il n'y a pas d'enjeu pour le spectateur. Le plaisir provient avant tout de cette union spirituelle vécue avec des millions de personnes qui partagent conditions des joueurs et sentiment d'être tous ensemble au même moment. Ce besoin de communier est une manière d'inter agir.

L'évolution n'est pas synonyme d'adaptation locale sinon cela pourrait avoir des conséquences catastrophiques. Il suffit de voir le nombre d'animaux en voie de disparition à la suite du réchauffement climatique pour le comprendre. La théorie de Darwin décrit un processus de fin d'évolution pour des espèces se trouvant, pour une raison ou une autre, coupées des autres êtres vivants dans d'autres environnements. La vie insulaire est un bon exemple. Le renouvellement génétique étant insuffisant, les êtres dominants prennent le pouvoir et orientent l'évolution génétique vers une voie sans issue : la spécialisation locale du corps terrestre.

L'Homme est adapté à la vie sur terre sans spécialisation locale supplémentaire. Il peut vivre près des pôles comme près de l'équateur, en bord de mer comme en haute altitude. L'évolution donne priorité à l'expression de l'esprit et non à l'adaptation à l'environnement local, d'où une structuration squelettique simple pour l'Homme donnant priorité à l'autonomie, l'inter agissement et le contact. Les cinq sens existent et sont utilisés par l'Homme sans pour autant être très performants. Et pourtant, nous dominons les autres êtres vivants car nous sommes en possession d'une enveloppe corporelle permettant à l'esprit de s'exprimer plus facilement.

Imaginez-vous être un arbre et chercher à interagir avec votre environnement … avec le même niveau d'intelligence —à savoir la faculté de connaître, de comprendre—, il vous serait difficile de le partager ! Imaginez-vous être un singe… avec le même niveau d'intelligence, il vous serait impossible de vous exprimer totalement : votre mâchoire ne vous permet pas d'articuler, vos mains ne vous permettent pas une finesse de travail manuel, vos jambes ne vous permettent pas de vous déplacer facilement. Malgré des performances cognitives, expressives et d'adaptation limitées, je reste convaincu que l'intelligence n'est pas le propre de l'Homme quoi qu'en pensent certains scientifiques.

Lorsque l'on parle d'intelligence dans nos sociétés, nous parlons généralement de notre pouvoir à exprimer ce que l'on pense ou ce que l'on connaît. Dans ce cas, il paraît évident que l'Homme possède l'enveloppe —corps— la plus évoluée. Cela ne veut pas dire que les autres êtres vivants ne possèdent pas un niveau d'intelligence semblable. Et pourtant, notre esprit, à l'étroit dans notre corps, n'arrive pas encore totalement à s'exprimer. Réduire puis supprimer ces contraintes d'interfaces entre notre esprit et notre monde physique correspond à la finalité de l'évolution des êtres vivants. Notre évolution ne fait que commencer…

*Quels sont les facteurs clés de l'évolution au niveau humain ?*

Le but d'un être vivant est de développer sa capacité à rester connecté avec les autres énergies. D'ailleurs, l'évolution a toujours récompensé les stratégies de coopération. Les principaux niveaux sont les suivants :
- La mutualisation et mise en réseau,
- La fusion permettant l'émergence d'une intelligence mondiale,
- L'absorption au système universel.

*Quel est le rôle des technologies ?*

Leur rôle est très important dans l'évolution. Ils permettent en effet de repousser les limites naturelles et d'en prendre progressivement la maîtrise afin de l'orienter selon nos souhaits. Encore faut-il connaître la finalité de notre évolution à savoir la libération de l'esprit sans quoi il y a danger de partir dans une mauvaise direction.

Nous parlons beaucoup des avantages de la technologie mais peu des inconvénients. Un point me paraît important à avoir à l'esprit : toute nouvelle étape ne se substitue pas —ou très rarement— aux précédentes mais apporte une couche supplémentaire. Donnons un exemple concret en parlant du livre. L'arrivée du numérique n'a pas supprimé le livre papier mais cherche à le cantonner aux éditions de luxe. Il en est de même pour la musique où le vinyle aurait dû disparaître avec le numérique mais cela n'a pas été le cas.

Nous devons nous attendre à un monde de plus en plus complexe dans lequel cohabitent différents niveaux de technologie, de la plus simple à la plus complexe. La population mondiale devient de plus en plus éclatée, scindée à cause de l'apparition de nouvelles technologies et cela ne fait que commencer ! Une partie de la population ne pourra pas bénéficier des techniques nouvelles pour des problèmes financiers, cognitifs ou encore d'éducation. Ces écarts croissants ne peuvent que générer des tensions croissantes et une instabilité mondiale. *De la croissance de la technologie apparaît l'écart social, source de discorde mondiale.*

Le cosmisme russe est une approche intéressante si l'on se limite à la vision du monde qui se base sur l'idée de l'unité indissoluble de l'Homme et du cosmos, de la relation spirituelle entre le monde intérieur et extérieur.

*« L'Homme est semblable au Cosmos, mais pas parce qu'il en est une infime partie. C'est parce qu'il est en soi tout un Cosmos, et sa composition ressemble à celle du Cosmos »*, telle est la définition donnée par Nicolaï Berdiaev, l'un des plus célèbres philosophes russes du début du XXe siècle.

Certains scientifiques pensent que l'évolution de notre enveloppe s'oriente vers une dégénérescence génétique. Mais ce ne sera pas la fin de l'évolution de l'Homme s'il prend en charge sa propre évolution, s'il oriente son évolution telle qu'il le souhaite c'est-à-dire en permettant à l'esprit de s'exprimer sans contrainte. Nous observons les prémices des théories de l'« homme augmenté » qui vont dans ce sens actuellement. Pour aller plus loin. Pour aller encore plus loin…

Globalement, si l'on considère la dépendance forte entre la vie et l'énergie, entre l'énergie et l'univers, il n'existe pas de vie sans univers et inversement. *La vie existe dans tout l'univers.* L'évolution humaine telle qu'elle est enseignée en Europe devra être réécrite un jour car elle ne tient pas compte des inter agissements avec la vie extraterrestre. La vie terrestre faisant partie d'un tout, nous devons revoir son origine, son évolution et la finalité de son enseignement actuel.

Définition proposée de vie : Phénomène énergétique ponctuel permettant à des organismes d'interagir.

Définition proposée de vie terrestre : Phénomènes énergétiques ponctuels permettant à des organismes d'interagir sur ou à partir de la Terre.

# Interagir : le moyen d'user de notre libre arbitre

Définition du dictionnaire : Avoir avec quelque chose d'autre une action réciproque[15]

Tout au long de la période vécue, le fantôme venait me voir par nécessité : il voulait me prendre de l'énergie. La conséquence pour moi était d'être fatigué en permanence et cette perte apparaissait réellement comme un manque pour mon organisme. Mon histoire montre bien que l'intervention du médium a permis à l'entité de quitter les lieux, de quitter notre dimension. C'est bien le contact avec le médium qui a permis au fantôme ce changement complet d'état. Il n'a jamais demandé d'aide sur ce point, il n'a d'ailleurs jamais cherché à communiquer avec moi avant l'intervention du médium qu'il a pourtant acceptée et a été reconnaissant du résultat.

Mais quelle est cette force qui permet au médium de donner l'énergie suffisante à un fantôme pour rejoindre la sphère attendue ? Interagir ne veut pas seulement dire « être en contact », « se serrer la main » ou « agir ensemble ». Interagir signifie dans notre cas, établissement d'un flux énergétique entre deux entités l'une considérée comme morte et l'autre considérée comme vivante.

La relation entre médium et entité est bien limitative pour décrire l'importance des inter agissements terrestres car ils sont la base de tout. Le contact inter êtres vivants est très important. Si une entité peut changer ou faire disparaître des dépendances matérielles, et ainsi changer de dimension, nous pouvons imaginer que nos contacts peuvent aussi faire évoluer nos

---

[15] Définitions issues du Dictionnaire en ligne Larousse.fr, Editions Larousse.

dépendances. Un contact semble peu de chose et pourtant, l'impact pour l'entité semble avoir été déterminante et illimitée dans le temps : l'état du fantôme a été transformé.

Le contact n'est pas exclusivement physique : une pensée, une intention peuvent avoir beaucoup de poids. Certaines peuvent avoir le même poids qu'une action, voire plus ! Dans notre cas, ces inter agissements ont un lien avec le temps. Tout inter agissement crée de l'inertie et c'est peut-être aussi une manière de ralentir le temps ou de s'extraire temporairement de celui-ci.

L'interaction est bien le moyen principal pour évoluer lors de notre vie terrestre. Nous avons fait le choix d'être sur terre pour interagir —oui, c'est bien nous qui avons choisi de venir sur terre— ainsi nous transformons notre environnement et nous modifions les concepts des personnes côtoyées. Nous laissons donc obligatoirement une trace de ce que nous avons fait ou dit intentionnellement.

*« La rencontre entre deux personnalités est comme le contact de deux substances chimiques ; s'il se produit une réaction, les deux en sont transformées. »*
Carl Gustav Jung, médecin psychiatre suisse

Si l'on recherche l'efficience, tout contact nécessite de se synchroniser avec son ou ses correspondants, d'instaurer la confiance et ainsi créer le respect et la bienveillance. Tout est dans l'intention. Tout contact doit être considéré comme exceptionnel avec un correspondant unique.

Quoiqu'il arrive, nous bénéficions de notre libre-arbitre, nous entrons en résonnance. Autant les interactions sont de l'information, autant l'inverse n'est pas obligatoirement vrai. L'erreur est de raisonner au temps présent sans tenir compte de l'effet de levier sur l'avenir. Nos inter agissements n'ont pas seulement un impact sur les conséquences que nous pouvons constater mais sur tous les impacts dans l'avenir.

Je pourrais donner un exemple de l'ancien testament : Caïn et Abel. Caïn, banni par Dieu pour avoir assassiné son frère, devient maudit sur terre. Le voilà errant et vagabond. Il est dit : « *Vu de Dieu, un assassinat ne se limite pas à la mort d'un seul être mais à toute sa descendance.* »

Nos actions modifient continuellement l'avenir. Cet effet de levier est déterminant pour identifier les actions à mener au cours de notre vie terrestre. Pour marquer les idées, nous pouvons dire que nos actions impactent l'univers tout entier. Chacun possède une responsabilité sur l'avenir de tous et sur notre avenir personnel ; un jour ou l'autre, nous serons nous-mêmes confrontés à l'avenir que nous aurons façonné.


Définition proposée d'interagir : Établir durablement avec quelque chose d'autre un lien réciproque.

# La conscience : notre système de pilotage collectif

Définition du dictionnaire : Connaissance, intuitive ou réflexive immédiate, que chacun a de son existence et de celle du monde extérieur[16].

Lors des remerciements de l'esprit, il m'est apparu que celui-ci était en pleine possession de la conscience du fantôme avec lequel j'avais cohabité. Il y a donc continuité de la conscience entre l'état de fantôme et l'état d'esprit.

Mon expérience me fait dire que le fantôme est bien lié à notre espace-temps contrairement à l'esprit. Sinon, pour quelles raisons aurait-il changé de comportement entre les premiers jours où il a exercé de la violence vis-à-vis de moi et les jours suivants où il se limitait à prélever l'énergie dont il avait besoin ? Le fantôme ne connaissait pas notre futur alors que l'esprit le connaissait.

Je fais une distinction entre la notion d'esprit et la notion de conscience. La conscience est utilisée comme un puits de données permettant, grâce à son intelligence, de faire remonter l'information utile et de la « processer ». Lors de notre vie terrestre, la conscience permet d'analyser, d'adapter et de décider me semble-t-il au travers du filtre constitué par notre cerveau ou par notre corps d'une manière plus générale. Elle nous propose la direction à prendre sans nous l'imposer car nous conservons notre libre arbitre. Nous comprenons ainsi pourquoi nos vies passées ne remontent pas naturellement dans notre cerveau car ce n'est pas une priorité en comparaison de notre expérience acquise lors de notre vie actuelle. De plus, nous

---

[16] Définitions issues du Dictionnaire en ligne Larousse.fr, Editions Larousse.

pouvons imaginer que cette « remise à zéro » au moment de notre arrivée sur terre facilite un bilan des évènements vécus au cours de la dernière vie, à l'instant de notre mort terrestre.

L'esprit est principalement rattaché à la conscience, c'est maintenant pour moi une certitude. Le fantôme auquel j'avais à faire, pensait, savait ce qu'il faisait et avait une connaissance immédiate de la situation. La conscience survit à la mort, existe au-delà du temps et de l'espace, au-delà de notre espace-temps. Dans mon histoire, le fantôme sait qu'il se trouve dans un endroit ne lui convenant pas et connaît les circonstances de sa mort lors de sa dernière vie terrestre. Il accepte la prise de contact du médium, accepte son aide dans l'espoir d'une meilleure condition. Ses remerciements indiquent bien qu'il ressent un meilleur état après son intervention. Il fait le lien entre ma présence dans cette maison, l'intervention du médium et son changement d'état.

En systémique, tout système possède trois niveaux :
- Le système opérant permettant de transformer des éléments en entrée en éléments en sortie,
- Le système d'information permettant d'acquérir, stocker, traiter et diffuser l'information,
- Le système de pilotage ayant pour mission de conduire le système global vers des objectifs qui lui sont fixés, et de vérifier que ces objectifs ont bien été atteints.

Autant la conscience peut comporter le système d'information et le système de pilotage —l'esprit a bien prouvé contenir ces deux niveaux lors de notre contact— autant, je n'ai pas constaté de système opérant à mon niveau qui est généralement la partie la plus évidente d'un système. Pourtant, tout système en possède un. Mais encore faut-il connaître la finalité de la conscience pour identifier le processus de transformation par celle-ci. Je pense que la matière est une cristallisation de la conscience et ce n'est pas le cerveau qui crée la conscience.

**Mais qu'est-ce que réellement la conscience ?**

Au début de mes réflexions, j'imaginais la conscience comme une plage de sable fin. Lorsqu'un être décide d'un voyage sur terre, il emporte une poignée de sable. Au retour, la poignée, enrichie de notre expérience, est rendue à cette plage. Lors de la réincarnation, la poignée reste globalement la même avec toujours des écarts qui peuvent expliquer les différences de personnalités et d'expériences passées. Ces deux concepts, la plage et la poignée de sable correspondent à la conscience collective et à la conscience individuelle. Au fils de mes réflexions, il apparaît que cette conscience est hors espace-temps, quel que soit le lieu originel de cette poignée de sable, elle restera toujours connectée avec sa plage.

Nous pouvons imaginer que tout est conscience. La conscience individuelle n'arrive à s'exprimer que partiellement au travers du corps. Seule une partie de cette conscience émerge avec une certaine autonomie dont elle a besoin. Notre cerveau va savoir partiellement ramener à sa surface consciente des informations dont il a besoin comme des intentions présentes dans son subconscient.

La conscience individuelle reste imbriquée dans la conscience collective tout en respectant le libre arbitre de l'être. Positionner cette conscience collective au niveau de la terre me paraît cohérent. Nous pouvons imaginer d'autres niveaux supérieurs englobant ce premier avant d'aboutir au dernier niveau : la conscience cosmique.

L'esprit est venu me remercier mais pas le médium ou alors je n'en ai pas eu connaissance, pourquoi ? Peut-être l'a-t-il fait à sa manière, je ne sais pas. En tout état de cause, le médium ne serait pas venu dans la maison si je n'avais pas vécu tout ce temps dans cette maison, si je n'avais pas discuté avec Élise de ces phénomènes et si je n'étais pas resté ce jour du 11 novembre à Niort. J'ai longuement hésité à rester seul là-bas lors de ce jour férié. Mais la décision de me reposer seul a eu plus de poids qu'un déplacement à Marseille ou Paris pour profiter d'instants entre amis. Cela paraît assez incohérent avec du recul mais cette décision a finalement changé ma vie. Cela démontre à nouveau qu'une décision, a priori anodine, peut vous mettre sur le bon chemin.

Pour comprendre les impacts de nos inter agissements, il faut les visualiser en dehors du temps : c'est un effet de levier extraordinaire. Une personne qui écrase une fourmi sur sa route ne tue pas seulement cette fourmi mais toute sa descendance. Une personne qui tue une autre personne arrête ses inter agissements pour cette vie terrestre et peut générer des impacts sur sa descendance.

Je ne dissocie pas la conscience de la liberté nous permettant de vivre à la première personne. La conscience ne se veut pas individualiste. Elle permet de distinguer le bien du mal, elle nous aide à trouver notre chemin adapté à notre destinée puisqu'elle représente un champ de possibilités.


Définition proposée de conscience : Système immatériel et atemporel de pilotage, d'information et opérant, indissociable de l'esprit.

# La religion : un ensemble de valeurs adaptées à nos sociétés

Définition du dictionnaire : Ensemble déterminé de croyances et de dogmes définissant le rapport de l'Homme avec le sacré[17]

Cette expérience démontre l'existence d'une suite après la mort terrestre tel que l'affirme la plupart des religions. La mort, si elle met normalement un terme à la vie terrestre, n'est pas la fin ultime de la destinée de l'Homme. L'entité me fait part de l'existence d'un état de béatitude grâce à l'intervention du médium. C'est bien le premier point commun à la plupart des religions. Cet état est bien apparu à la suite de l'état de séquestré dans lequel il se trouvait.

Cependant, cette expérience n'apporte pas directement d'information sur une logique de mérite ou de morale de la rétribution au-delà de la mort. Celle-ci dépendant étroitement des actions menées au cours de la vie terrestre. C'est pourtant le deuxième point commun à la plupart des religions. Le dernier contact avec l'entité permet tout de même de trouver des différences entre état de fantôme et état d'entité. Autant les visites quotidiennes n'ont permis aucune communication entre nous —l'interaction ne s'étant limitée qu'à un « vol » d'énergie—, autant ce dernier contact apportait respect, réelle reconnaissance et même amour. Le retour à la normale de l'entité lui a apporté, sans aucun doute, cet état de ravissement qu'elle a souhaité partager.

---

[17] Définitions issues du Dictionnaire en ligne Larousse.fr, Editions Larousse.

Les premiers Hommes se sont focalisés sur le culte des morts, de la fécondité et de la nature qui sont aux origines des croyances et des rites. Il existait de multiples cultes, différents par leur expression mais semblables par leurs aspirations. Au travers de ces rites, les questions fondamentales suivantes étaient déjà posées :

- Où vais-je (après la mort) ?
- D'où viens-je (avant la naissance) ?
- Qui suis-je (en tant qu'être vivant) ?

Ces questions étaient d'autant plus fortes que la durée de vie était courte et le passage éphémère sur terre évident.

Les rites funéraires des civilisations mégalithiques montrent des rites rigoureux ne laissant rien au hasard : sépulture collective ou individuelle, placement des restes humains ou du corps, offrandes jointes. Toute cette mise en scène n'a pas uniquement pour objectif de faire vivre les morts dans la mémoire des vivants car ce sont les évènements antérieurs qui priment avant tout. Ces soins démontrent également la volonté d'accompagner le défunt au-delà de sa mort comme si l'existence d'un esprit immortel était déjà manifeste…

Ces comportements ne sont pas obligatoirement liés à une structure religieuse. Ils sont seulement considérés comme des cultes et pas forcément liés à une divinité. Il suffit pour cela qu'un groupe de personnes considèrent structurant d'organiser des rituels ou de partager des croyances. La notion de « sacré » n'est pas non plus rattachée à un culte religieux.

Les religions apportent une adaptation des règles universelles pour notre vie terrestre. Ainsi nous y retrouvons un tronc commun : existence de la notion de Dieu, faire le bien et pas le mal, et ressentir la vie terrestre comme de la souffrance.

Notre monde actuel ne peut pas exister sans les religions. Nous ne possédons pas les connaissances scientifiques suffisantes pour justifier ce qu'elles imposent au travers de dogmes —souvent à juste titre— mais cependant sans y apporter d'éléments factuels. Elles répondent aux questions sur la condition humaine afin d'apporter une cohésion sociale.

Ce sont les conseils/exigences de Dieu ! Qui donc pourrait s'y opposer ? Ces religions, souvent adaptées à des spécificités locales liées au climat et à l'organisation de la société, sont structurantes et apportent au quotidien du bien-être à tous. Elles permettent et facilitent une vie en société et apportent des réponses aux questions sans passer par les sciences. « Tuteur » obligé pour des peuples primitifs comme les nôtres qui cherchent à évoluer et vivre sereinement.

C'est un monde en perpétuel foisonnement : 124 000 prophètes sont reconnus des différentes traditions monothéistes ! Et chaque religion s'appuie sur quelques textes judicieusement sélectionnés parmi les nombreuses sources apocryphes. Que ces religions soient le fruit de la réflexion humaine ou des messages fournis par des êtres suprêmes, indispensables, elles donnent des directions positives —sous réserve qu'elles soient bien interprétées—, elles permettent aux Hommes de vivre ensemble dans de bonnes conditions, initiant ainsi une cohérence globale. Leurs structures sont plus ou moins complexes ainsi que leur hiérarchisation.

*Tout ce qui est structuré est structurant !*

Il existe quatre éléments fondamentaux et communs aux différentes croyances religieuses[18] :

1) L'existence d'un monde de l'au-delà,
2) La présence d'un culte,
3) La présence de règles et de valeurs destinées à régler le quotidien,
4) La présence de spécialistes qui assurent le lien entre notre monde terrestre et l'au-delà.

Avant tout, la religion sert moins à affronter la mort qu'à faire face aux épreuves de la vie terrestre. Elle permet de relier les Hommes entre eux en fondant des communautés d'appartenance.

Définition proposée de religion : Ensemble déterminé de croyances et de dogmes proposés par une organisation afin de préétablir des règles et des valeurs indispensables à la vie en société.

---

[18] Article de Jean-François Dortier dans Sciences Humaines de Février 2017.

# Le temps : une notion rattachée à la matière imaginée par l'Homme

Définition du dictionnaire : Notion fondamentale conçue comme un milieu infini dans lequel se succèdent les événements[19]

Mon expérience m'a montré une grande différence entre le fantôme et l'esprit. Le fantôme est rattaché au lieu, il n'est donc pas détaché de notre temps, alors que l'esprit est totalement détaché de notre monde. Passé, présent et futur n'avaient plus de distinction pour l'esprit au moment de ses remerciements. Il affirmait que cette nuit dans cette maison était la dernière. Peut-être était-ce un clin d'œil de sa part sachant bien tous les impacts sur ma vie que cela allait générer ? Au-delà de cette dernière nuit, connaissait-il l'existence de ce livre et la prise de conscience que cela allait entraîner ?

*« Qu'est-ce donc que le temps ?*
*Si personne ne m'interroge, je le sais ;*
*si je veux répondre à cette demande, je l'ignore. »*
Saint Augustin, Les Confessions, Livre XI

Quel beau paradoxe ! Nous possédons cette notion de temps en nous-mêmes comme une évidence. Mais lorsqu'il faut le conceptualiser, cela nous met bien dans l'embarras ! La caractéristique de la vie est de contenir deux éléments complétement distincts, dépendants de dimensions différentes : le corps et l'esprit. *Une part de nous échappe au temps.* Je reste convaincu que notre vie terrestre est un cas particulier, très spécifique qui nous offre une ouverture sur la maîtrise de notre avenir. C'est seulement lors de ces moments ponctuels que nous

---

[19] Définitions issues du Dictionnaire en ligne Larousse.fr, Editions Larousse.

pouvons interagir sur la matière, interagir avec les autres êtres vivants pour nous aider mutuellement à nous élever. Notre point de repère restera la terre, notre planète maternelle et la vie terrestre restera un cycle. Notre horloge décrit seulement une durée, durée à partir du moment où nous l'avons mise en route. Une journée est la durée nécessaire à notre planète pour tourner une fois sur elle-même. Une année est la durée pour que notre planète tourne une fois autour du soleil. Mais qui peut dire que le temps d'une journée est identique à celui d'une autre ? Pour un être vivant, en fonction de ses inter agissements, sa dimension est bien suggestive selon son vécu. Tous, nous ressentons bien toute la relativité du temps.

Marcel Proust a dit : « *Les jours sont peut-être égaux pour une horloge, mais pas pour un homme.* ». Quelle belle vérité !

Lorsqu'il y a rupture d'un état, un changement, un mouvement, nous percevons le temps car ce dernier est affecté. Lorsque ce même évènement se déroule dans un phénomène cyclique, ce n'est pas une répétition, c'est la participation à un unique évènement. C'est ainsi que nos rituels ou cérémonials permettent de nous extraire de ce continuum. Le temps étant finalement basé sur des cycles répétitifs, je crois que le temps n'existe pas.

*« Le futur existe-t-il déjà dans l'avenir ?*[20] *»*

Nous pouvons prévoir l'impact du lancer d'une balle, nous pouvons calculer la trajectoire d'une fusée. Nous pouvons avec les éléments en notre possession à un moment donné, anticiper les impacts d'un évènement dans un avenir proche. Nous suivons alors des lignes d'univers avec une flèche du temps unidirectionnelle. Mais ce n'est qu'illusion car notre espace-

---

[20] Etienne Klein, « Le futur existe-il déjà dans l'avenir ? », Editions du Temps, N°1, mars 2014.

temps reste dynamique. Il existe plusieurs futurs qui peuvent devenir réels d'où l'existence de notre libre arbitre.

*« Le temps et l'espace ne sont pas des conditions d'existence, le temps et l'espace sont un modèle de réflexion. »*
Albert Einstein

Définition proposée de Temps : Notion fondamentale conçue pour déterminer des durées avec pour référentiel le mouvement de notre planète et des astres.

# L'énergie : un principe fondamental

Définition du dictionnaire : Puissance physique de quelqu'un, qui lui permet d'agir et de réagir[21]

Cette définition ressemble à un contresens parce que la puissance est de l'énergie produite ou consommée par unité de temps. Dans ce livre, nous parlons d'énergie vitale qui ne semble pas être prise en compte dans le dictionnaire. Cette notion existe pourtant dans la médecine chinoise ou japonaise.

Au fil des mois, le fantôme avait un besoin en énergie régulièrement. Cette énergie vitale m'était « volée » à hauteur de ma poitrine en partant du cou. Le fantôme arrivait à la pomper à l'aide d'un pic invisible. Était-ce ses dents, comme dans la tradition des vampires ? Je ne sais pas vraiment, dans ces moments-là, ma tête était enveloppée par l'entité, je ne le voyais donc plus.

Lorsque j'ai demandé au médium si le fantôme m'avait rendu mon énergie, elle m'a répondu qu'elle l'avait déjà demandé. Cela indique que le médium y avait pensé comme si cela était quelque chose d'important, comme si ce « vol » pouvait avoir un impact sur moi. Sans même connaître quoi que ce soit dans ce domaine, cela me semblait important. J'imagine très bien, dans ce cas-là un effondrement des défenses immunitaires qui se traduirait par une maladie.

Son besoin de compléter régulièrement de l'énergie, montre bien qu'un fantôme n'est pas un « système isolé [22]», sinon il

---

[21] Définitions issues du Dictionnaire en ligne Larousse.fr, Editions Larousse.

[22] La thermodynamique propose trois types de systèmes : « système fermé » sans échange de matière mais avec des échanges d'énergie, « système

conserverait son énergie totale —c'est la première loi thermodynamique qui le précise— et ne pourrait échanger de l'énergie avec l'extérieur.

L'existence des fantômes irait à l'encontre de la seconde loi de la thermodynamique. Rappelons que celle-ci impose que l'entropie totale d'un système isolé augmente de manière inexorable au fil du temps. Ainsi, l'énergie utilisable par le système est perdue à mesure que le temps passe et que le désordre s'installe. Et, sans énergie extérieure, impossible de renverser la barre.

*« Si nous ne pouvons ni toucher ni interagir avec des fantômes, c'est qu'ils sont nécessairement faits d'énergie et non de matière. Or, si la seconde loi de la thermodynamique est vraie, l'énergie se perd et il serait impossible pour de telles entités de maintenir leur existence pour une durée significative »*, conclut Brian Cox[23], physicien britannique.

Cela dit, l'expérience niortaise montre que les fantômes sont non seulement très bien définis dans l'espace —lorsque je passais la main, la « frontière » entre espace et fantôme était délimitée par un changement de température très nettement plus froid à l'intérieur de son volume ; il aurait même été possible de calculer son volume ou la température— mais aussi, ils ont la possibilité de « voler » de l'énergie. Ils font ainsi le plein d'énergie, régulièrement, pour maintenir un certain niveau ou l'augmenter, il existe donc en leur sein une variation d'entropie. Cela voudrait dire qu'un fantôme comme un être vivant est un système ouvert au sens thermodynamique du terme : il existe des échanges entre

---

isolé » sans échange de matière et d'énergie, « système ouvert » avec des échanges de matière et d'énergie.
[23]https://www.futura-sciences.com/sciences/questions-reponses/physique-fantomes-nexistent-pas-explications-scientifiques-7578/

le système et l'extérieur, même infime ! L'être vivant échange de la matière pour fabriquer de l'énergie. C'est bien le cas lorsque nous nous nourrissons : les diverses réactions chimiques permettent à notre métabolisme de fonctionner. Le fantôme dans l'incapacité de transformer lui-même la matière en énergie est obligée de trouver des sources d'énergie déjà existantes pour « faire le plein ». Il m'a utilisé comme une citerne d'énergie sans se préoccuper des conséquences qu'il pourrait y avoir sur moi.

Est-ce une question de survie du fantôme ? ou une tentative pour lui de rejoindre sa sphère ? Un fantôme qui manque d'énergie peut-il « mourir » une seconde fois ?

Même si le thermostat se mettait en route au passage du fantôme, je n'avais pas l'impression d'« échange » important de chaleur entre l'environnement et son espace froid. Il semblait exister une sorte de couverture isolante autour de ce fantôme. Il faut préciser qu'il n'y avait que très peu de place entre le lit et le mur, au passage du fantôme, le convecteur était donc englobé dans son volume lors de son passage.

D'une part, il apparaît que les molécules le formant semblent moins agitées, d'où le froid l'accompagnant, d'autre part, le halo lumineux aussi faible soit-il, montre sa perte d'énergie, si l'on tient compte de la physique quantique.

L'univers n'est qu'une question d'énergie. Le vide absolu n'existe pas, l'énergie se trouve partout en quantité variable. Il ne peut y avoir d'être vivant sans énergie.

L'histoire niortaise fait référence à des quantités infimes d'énergie qui ont pourtant eu des conséquences sur un être humain. Si on cumule l'énergie consommée par l'ensemble des êtres vivants sur terre, cette quantité n'est pas négligeable pour nous mais elle l'est pour l'univers. Si on cumule les énergies des êtres vivants constituant l'univers, ce volume deviendrait-il assez important pour impacter l'avenir de l'univers ? Pouvons-nous imaginer que les êtres vivants puissent ainsi maîtriser l'univers ? C'est un axe de réflexion à ne pas négliger.

En ce qui concerne les agissements du fantôme, je ne pense pas qu'il m'ait voulu du mal puisqu'il connaissait dès le début l'aboutissement de cette histoire et le fait qu'il arriverait à se libérer de la situation. Nous avons été liés pour une petite durée avec un prêt d'énergie, nécessaire pour aboutir au résultat souhaité. Histoire gagnant-gagnant ! Elle a permis au fantôme de se sortir de cette situation et à moi de prendre conscience de la réalité de la vie terrestre et de la relativité du temps.

Dans tous les cas, la Vie est énergie et l'énergie ne meurt jamais, elle se transforme. Le phénomène d'incarnation au moment de la naissance reste inexpliqué. Mais il me paraît aberrant d'imaginer que cet évènement ne puisse arriver qu'une seule fois au cours de l'éternité. La réincarnation est donc le scénario le plus plausible. Je crois en des réincarnations possibles au fil des niveaux d'énergies accumulées, au fil de l'évolution de l'enveloppe.

*« Je crois en une vie après la mort,*
*Tout simplement parce que l'énergie ne peut pas mourir ;*
*Elle circule, elle se transforme et ne s'arrête jamais. »*
Albert Einstein

Définition proposée d'énergie : Principe fondamental et indissociable de l'univers et de la vie.

# Dieu : la conscience cosmique

Définition du dictionnaire : Être éternel, unique et créateur. Être supérieur doué d'un pouvoir surnaturel[24].

Les religions affirment l'existence d'un seul ou de plusieurs Dieux. Il peut porter un nom différent : Être suprême, Éternel, Allah, alpha et oméga, Créateur, Grand Être, Grand Architecte, Jahvé, Jéhovah, Seigneur, Tout-Puissant, La Divinité, Logos, Père, Providence, Sauveur, Trinité, Verbe… C'est toujours le même concept avec quelques variations en fonction des lieux et des époques.

L'évolution dans la religion Égyptienne me paraît intéressante. À partir de la troisième dynastie royale, une réforme en douceur de la théologie pousse les égyptiens à adorer un seul Dieu, avec obéissance et sans résistance dans un premier temps puis avec démocratisation et survie après la mort. Ce monothéiste, plutôt que polythéiste, montre, à mes yeux, une maturité théologique certaine.

À la suite de mon expérience niortaise, il m'apparaît que Dieu représente la totalité des énergies constituant nos esprits. L'énergie composant l'esprit provient d'une source plus importante et indissociable de cette source, tel l'aimant, elle reste attirée par sa source. Cette masse énergétique universelle permet à certains éléments de s'échapper dans certains cas pour permettre à la vie d'exister. *Dieu est un tout, nous composons Dieu comme Dieu est en nous.* La vie n'est rien sans Dieu et Dieu n'a aucune raison d'exister sans la Vie. Dieu existe grâce à l'univers comme l'univers existe grâce à Dieu.

---

[24] Définitions issues du Dictionnaire en ligne Larousse.fr, Editions Larousse.

Il me semble donc que Dieu n'est pas transcendant et pas plus immanent vis-à-vis de l'Homme. Non seulement, Dieu appartient à un ordre supérieur, sans être extérieur au monde que nous connaissons, mais en plus, Dieu n'est pas sur le même plan que l'Homme.

Nous pouvons faire un lien avec la notion de conscience collective en dehors de notre espace-temps quadridimensionnel. Si l'on imagine que la finalité de cette conscience est d'augmenter l'entropie de l'univers, nous pouvons imaginer que son système opérant est constitué par les êtres vivants ayant pour destinée l'optimisation de leur niveau énergétique. Celui-ci étant partagé au moment de la libération de l'esprit, au moment de la mort, avec cette conscience collective.

La notion de création de l'univers a-t-elle un sens finalement ? Il ne m'apparaît pas que Dieu soit dans un rôle de créateur mais plutôt qu'il est un élément indispensable de l'univers afin de le construire et de l'organiser. Il apparaît donc avoir un rôle d'architecte.

Dieu est unique.

Nous nous trouvons dans une situation hors temps qu'il est difficile de concevoir avec nos logiques terrestres.

*« Dieu est une sphère infinie, dont le centre est partout et la circonférence nulle part. »*
Blaise Pascal, Les pensées, 1670

Définition proposée de Dieu : Ensemble éternel, unique et fondateur constitué des énergies permettant l'existence de l'univers et de la Vie.

# Troisième partie

La destinée

*« Ce n'est pas seulement l'endroit où l'on va qui donne un*
*sens à la vie,*
*mais aussi la façon dont on s'y rend »*

**Marc Levy, Vous revoir, 2005**

Cette troisième partie a pour objectif de décrire ma théorie sur la destinée lors de la vie terrestre. J'entends par « théorie » un « *ensemble organisé de principes, de règles, de lois scientifiques visant à décrire et à expliquer un ensemble de faits.* ».

Lorsque l'on consulte le dictionnaire, nous trouvons la définition suivante pour le terme « destinée » : « *Détermination préétablie des événements de la vie humaine par une puissance supérieure* [25]».

Nous apprenons donc que la destinée n'est préétablie que pour l'être humain. Pourquoi ? Les autres êtres vivants ne sont-ils pas concernés par une destinée ? Quel élément permet-il de nous dissocier des autres êtres vivants dans ce domaine ? Elle est déterminée —dit-on— par une « puissance supérieure ». Mais laquelle ? Nous y reviendrons plus tard.

La première question que l'on doit se poser est « Qu'est-ce qui fait sens pour moi de manière générale ? »

Pour cela, il est judicieux de développer :
— Le *sentiment* d'avoir une influence sur notre environnement proche ;
— *La réalisation de* son potentiel personnel ;
— *L'appartenance* à au moins une communauté si ce n'est deux ou trois.

---

[25] Définitions issues du Dictionnaire en ligne Larousse.fr, Editions Larousse.

Mais ce n'est hélas pas suffisant. Donner du sens à sa vie ne détermine pas obligatoirement sa destinée mais elle y participe grandement car cela facilite les inter agissements. Quand nous trouvons un sens à nos actions, nous devenons plus optimistes, plus insérés socialement. C'est une condition essentielle pour aller plus loin.

Il faut ensuite être convaincu d'apporter du sens à un tout dont nous faisons partie. Quelque part, il est nécessaire de trouver la bonne fréquence pour pouvoir entrer en résonnance avec ce tout. Pour cela, il est nécessaire de pouvoir évaluer le niveau énergétique d'où nous partons pour pouvoir acquérir encore plus d'énergie. La destinée est assimilable aux actions à mener pour pouvoir élever notre niveau énergétique à partir du niveau d'où nous partons au début de chaque vie terrestre. C'est pourquoi notre destinée nous est personnelle.

Plus notre esprit est élevé énergétiquement, plus nous utilisons une enveloppe corporelle complexe : en tant qu'être humain, nous utilisons l'enveloppe résultant de l'évolution terrestre actuelle : nos $10^{14}$ cellules vivantes qui nous composent ainsi que nos $10^{26}$ atomes !

Nous cherchons tous à développer cet esprit à partir de notre acquis des vies précédentes. Nous pouvons considérer cet acquis comme le nôtre même s'il alimente aussi l'acquis de l'ensemble des êtres vivants sur Terre puisque nous sommes une unité de cet ensemble, tout comme l'esprit alimente l'acquis de notre regroupement universel puisqu'il constitue une unité de ce tout.

Nous restons maîtres de tous les processus lents qui nous régissent, nous sommes donc maîtres de notre vie terrestre. La vie terrestre n'est-elle pas un ensemble complexe de processus lents sur une durée limitée ? C'est ainsi que nous pouvons décider de naître lorsque nous en sentons le besoin et même de mourir lorsque nous en sentons l'heure arriver. Ces éléments peuvent être perturbés d'évènements inattendus qui génèrent des morts violentes comme la maladie ou l'accident pour lesquels notre décision est conditionnée. Ce n'est pas un raisonnement aporétique : c'est dans ces circonstances que le processus peut être perturbé et nous faire vivre une période non voulue intermédiaire, hybride et ainsi… devenir fantôme.

L'évolution humaine permet au fil du temps de limiter les impacts non voulus pour permettre à l'esprit de s'exprimer plus simplement et durablement. Exercer son libre arbitre. Ainsi technologies et évolution de notre enveloppe terrestre, nous permettront d'atteindre le niveau extrême où l'esprit n'aura plus besoin du corps comme interface pour interagir avec la matière.

Lors de notre vie terrestre, nous subissons les impacts de la gravitation et du temps donc notre enveloppe physique nous est indispensable pour pouvoir exister et interagir au sein de notre monde. En dehors de cette période terrestre —renouvelable—, le temps n'existe pas. Mon expérience niortaise m'a montré qu'il existe parfois des problèmes, lors du changement d'état, qui maintiennent, entre deux, l'esprit alors fantôme. L'esprit reste trop adhérent à la matière l'empêchant de rejoindre une autre dimension. Quelle que soit l'énergie d'un fantôme, sa carence en atomes ne lui permet pas d'interagir facilement avec des objets ou des êtres vivants mais elle lui permet de traverser n'importe quelle matière. Seule une aide extérieure lui permet de se dégager du peu de matière restante pour redevenir un système énergétique indépendant de notre espace-temps.

Nous entrons dans l'ère de la communication et de la suppression de la contrainte espace. Cette interconnexion virtuelle, et bientôt permanente, nous fait prendre conscience de cette intelligence collective de plus en plus puissante, de plus en plus efficace. Nous commençons aussi à recevoir une vue globale de nos effets, tant sur nous-mêmes que sur notre planète maternelle.

Lorsque j'entends Mae Jemison, première femme afro-américaine à avoir voyagé dans l'espace, dire : « *Le futur n'est pas une question de chance, il se construit* ». Lorsque je lis Will Durant et sa femme Ariel, écrivains et philosophes américains, affirmer : « *Le futur n'est jamais juste apparu, il a été créé* », cela me donne un réel espoir pour croire au potentiel de l'humanité, leader du monde vivant sur Terre, prendre conscience des choses essentielles, de nos responsabilités pour réaliser sereinement notre destinée. Tout ce que l'on fait doit être vu avec l'effet de levier qu'est le temps, le bilan se faisant sur l'ensemble de l'espace/temps. Ainsi, l'être qui sauve une vie, sauve l'ensemble des générations à venir, l'être qui enlève une vie, détruit la totalité des générations à venir. Au-delà de ces extrêmes, nous modelons l'avenir au travers de toutes nos interactions et de leurs conséquences. La réalité se construit hors du temps. C'est ainsi au détachement de notre vie terrestre, de notre espace et de notre temps, que le bilan personnel est effectué. Le christianisme appelle cette étape le jugement particulier. Ce jugement met en lumière la vie unique d'un homme, sa liberté et sa responsabilité personnelle et décide de sa destinée éternelle (Catéchisme de l'Église catholique n.1022).

Nous avons tous accepté de revenir sur terre en possession de notre conscience individuelle. Nous avons tous un rôle pour construire notre futur et celui des générations à venir. Nous avons tous accepté une mission. Cette destinée est en nous. La direction nous est donnée, il nous reste à trouver le meilleur chemin pour atteindre nos objectifs au cours de notre vie.

Fais-toi confiance, écoute-toi, « *Connais-toi toi-même*[26] » et trouve le bonheur car la bonne direction trouvée te procure du bonheur et même plus. Je ne parle pas de bonheur égoïste qui n'en est pas un, je parle de bonheur partagé avec autrui car le bonheur est lié à l'inter agissement.

C'est ce bien-être que découvrent les adolescents lorsqu'ils sont ensemble, ils n'ont pas besoin de parler, ils sont ensemble et se sentent bien. C'est ce bien-être que l'on ressent lorsque l'on fait l'amour, lorsque deux corps fusionnent mais aussi deux esprits sur une durée semblant impossible à évaluer. C'est ce bien-être qui apparaît lorsque l'on se sent en empathie avec une autre personne et que l'on comprend instinctivement son ressenti sans le vivre. Ce sont ces moments où l'on se sent rayonner avec des impacts positifs autour de soi, où l'on entre en résonance avec autrui, où l'on rend d'autres êtres heureux. Ce sont toutes des tentatives, parfois réussies, d'entrer en résonance. Nous vivons l'instantanéité et la mesure du ressenti de la situation, et cela reste propre aux personnes la vivant. Ma conviction est que nous avons la possibilité de corréler durablement nos consciences. Cette situation est comparable à l'« état intriqué[27] » de la mécanique quantique où les états restent dépendants les uns des autres, quelle que soit la distance qui peut les séparer.

Pour être à l'écoute, toute la difficulté est de trouver un équilibre entre les besoins de notre enveloppe —notre corps— constituée

---

[26] Devise inscrite au frontispice du Temple de Delphes que Socrate reprend à son compte selon la-philosophie.com

[27] Le principe d'intrication stipule que deux particules ayant interagi à un moment de leur existence peuvent former à jamais un système intriqué même lorsque les particules sont séparées.
https://www.sciencesetavenir.fr/fondamental/premiere-photo-d-une-intrication-quantique_136308

d'atomes fournis par notre terre maternelle et, entre notre esprit hors de notre espace et de notre temps. La vie fait le lien entre deux mondes différents régis par des lois différentes. L'un, bien matériel, bénéficie du temps présent pour pouvoir modeler le futur et l'autre, l'esprit, purement énergétique, est le résultat des actions terrestres sans pour autant se situer dans notre espace/temps. Quel paradoxe ! Certains scientifiques diraient que la vie existe pour combattre l'entropie de l'univers en expansion continue. C'est peut-être la finalité de nos destinées ? Sommes-nous les gendarmes de l'univers ?

Nos sociétés modernes nous aveuglent, alors soyons vigilants et ne perdons pas de vue nos fondamentaux. Elles nous obligent à nous mettre en concurrence et à rechercher la performance. Tout ceci va à l'encontre de la spiritualité et des vraies valeurs, à savoir, trouver la paix, la sérénité et participer à un tout. N'oublions pas non plus que nous sommes au tout début d'une évolution. Nous ne comprenons pas encore grand-chose… Restons humbles…

*« Quiconque prétend s'ériger en Juge de la vérité et du savoir s'expose à périr sous les éclats de rire des dieux puisque nous ignorons comment sont réellement les choses et que nous n'en connaissons que la représentation que nous en faisons ».* Alerte d'Albert Einstein.

N'oublions pas que nous conservons notre libre arbitre quoi qu'il arrive tout en restant connecté avec les autres êtres vivants avec lesquels nous interagissons. Ce phénomène est similaire au phénomène vibratoire qui permet d'entrer en résonance. C'est à partir d'un retour sur soi que chacun finit par trouver le sens de sa vie ce qui procure la joie de s'être retrouvé. *« Tu n'existes pas pour impressionner le monde. Tu existes pour vivre ta vie d'une façon qui fera ton bonheur* » nous dit Richard Bach, écrivain américain.

La vie terrestre est une expérience individuelle : nous sommes propriétaires de notre enveloppe charnelle, elle sert d'interface avec le reste du monde, elle permet de nous exprimer, communiquer et de créer des liens avec les autres esprits. Et ce n'est pas en contradiction avec le fait de rechercher à interagir tout au long de notre vie et à participer à la construction d'un futur collectif.

**Déterminisme ou libre arbitre ?**

Les philosophes comme Spinoza ou Descartes nous demandent d'opter pour l'un ou pour l'autre alors que les deux cohabitent : notre enveloppe corporelle subit les lois de la physique classique tout en bénéficiant d'un libre arbitre propre aux êtres vivants grâce à notre esprit. Henri Poincaré, mathématicien, physicien, philosophe et ingénieur français, a dit : « *Le hasard n'est que la mesure de notre ignorance* [28]» ce que je partage. Mais est-ce si simple ?

Si l'on considère le déterminisme comme une conception selon laquelle, certaines données étant connues, les faits qui s'en suivront seront prévisibles avec précision. Nous constatons de nombreux domaines scientifiques confirmant cette réalité. Mais il suffit d'un epsilon pour faire varier le résultat au fil du temps terrestre et du nombre d'êtres vivants. C'est ainsi qu'intervient notre libre arbitre. Nous pouvons à notre niveau faire varier l'epsilon qui peut contribuer lui-même à faire varier le résultat avec l'effet de levier espace-temps. L'effet papillon direz-vous ?

---

[28] Le hasard, Revue du mois 3, 1907. Citation aussi attribuée à Alfred Capus, Les pensées

Je préfère l'effet de levier qui décrit mieux la conséquence logique sur l'espace/temps avec la démultiplication liée à la reproduction. Nous ne sommes pas indépendants mais nous sommes autonomes.

Nous sommes dans un monde où le futur varie en permanence parce que nos actions présentes l'impactent. Ainsi, le futur serait déjà écrit si nous n'usions pas de notre libre arbitre en permanence. Notre but est de transformer nos futurs potentiels à partir de nos intentions en futurs alternatifs. N'oublions pas que notre direction nous est imposée mais pas le chemin pour y arriver.

Finalement, ne serait-ce pas le chemin emprunté qui aurait plus d'importance que la direction prise ? En optant pour un chemin plutôt qu'un autre, c'est notre futur collectif qui évolue. Léon Tolstoï, écrivain russe, a écrit « *Le seul sens de la vie est de servir l'humanité* ». Cela correspond à la septième loi spirituelle du succès du « Dharma[29] » qui précise que tout le monde a un don unique à mettre au service des autres. Il est maintenant temps d'avoir la lucidité de servir l'Univers, de servir cette conscience cosmique en développant et optimisant notre mise en résonance.

Je propose donc la définition suivante de la destinée terrestre : *Détermination préétablie d'une direction à prendre lors de la vie terrestre pour optimiser le développement de la conscience cosmique.*

---

[29] A l'origine des spiritualités et religions indiennes.

# Niveau d'expression de l'âme et autonomie âme/conscience

1. Conscience intuitive
2. Conscience émotionnelle (non collective)
3. Prise de conscience, réflexion
4. Amour spirituel
5. Accès à la conscience collective – super conscience
6. Accès à la conscience cosmique – conscience intuitive de l'âme
7. Accès à la conscience cosmique – énergie divine

désintégration

lumière

mort

États de conscience (par Bouddhisme)

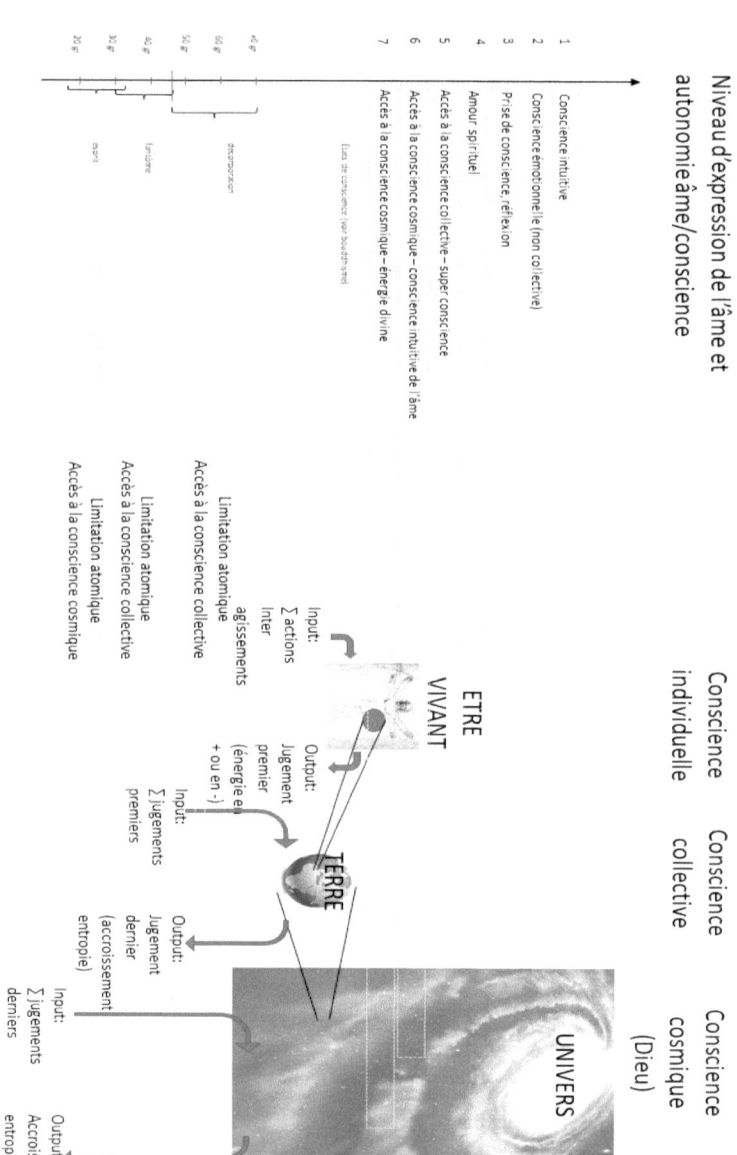

Conscience individuelle   Conscience collective   Conscience cosmique (Dieu)

**ETRE VIVANT**

Input:
Σ actions
Inter agissements

Output:
Jugement premier
(énergie e + ou en -)

Limitation atomique
Accès à la conscience collective

**TERRE**

Input:
Σ jugements premiers

Output:
Jugement dernier
(accroissement entropie)

Limitation atomique
Accès à la conscience collective
Limitation atomique
Accès à la conscience cosmique

**UNIVERS**

Input:
Σ jugements derniers

Output:
Accroissement entropie et stabilisation univers

# J*e crois*

Je crois en un Univers unique et global que nous construisons,
Je crois en une sève énergétique qui nous unit éternellement,
Je crois en une planète maternelle qui nous procure notre libre arbitre,

Je crois en une Vie constituant un tout,
Je crois en notre part indispensable dans cette Vie,
Je crois en une vie ponctuelle à chaque fois que nous le décidons.

Je crois en une vie terrestre source de toute gloire individuelle,
Je crois en une dépendance historique entre les esprits et leur planète d'origine,
Je crois en un monde matériel support de l'évolution de notre esprit.

Je crois en un rôle capital et universel que nous assurons lors de nos vies terrestres : notre Destinée.

# Le sommeil d'une vie

*Texte de Diana McCormack (Cambridge, United Kingdom)*

Quand vos proches ferment les yeux et tombent dans un profond sommeil !

Pourquoi pleurer et faire son deuil ?
Vous ne réalisez pas qu'ils ont dû rentrer chez eux !
Ils ne veulent pas être réveillés par tous les cris et les hurlements.
Ils veulent juste être en paix et profiter de leur voyage de retour !

Le voyage de retour peut être très loin ou juste à côté, certains disent qu'il est dans un autre espace !
La vérité est que nous ne le saurons jamais avant ce moment, seul Dieu sait quand ce sera.
Il pourrait être le vôtre ou le mien !

Les gens viendront vous rendre hommage, certains que vous n'avez pas vus depuis longtemps.
Oh, regardez ! Ils dorment profondément, ils ont l'air si paisibles.
Oui ! Oui, ils sont dans un endroit meilleur !
Que Dieu les bénisse !
Et pourtant, vous n'arrivez toujours pas à accepter le fait qu'ils viennent de partir !

Souvenez-vous ! Ils ne sont pas partis pour toujours, ils sont juste partis pour voir leurs anciennes amours et leurs vieux amis, et peut-être en rencontrer de nouveaux ! Mais le jour viendra où vous rirez et vous vous embrasserez à nouveau, mais ce sera ailleurs.

Ils vous attendront à la porte du paradis !
Ils vous diront : « Bienvenue mon amour ! Bienvenue mon ami ! »

## *Remerciements :*

*Ma première pensée se tourne vers mon comité de lecture constitué d'ami-e-s qui s'intéressent de près ou de loin aux questions fondamentales : Constance D. (Art-thérapeute), Danièle B. (Docteur en médecine), Françoise V. (Enseignante à la retraite), Corinne D. (Educatrice), Roland G. (Informaticien architecte), Alain S. (Expert sécurité à la retraite), Christian N. (Professeur de physique), Philippe G. (Entrepreneur), Teddy R. (Audit leader & Conférencier), Diana MC. (Infirmière et première lectrice en version anglaise), ma mère (Paléontologue à la retraite) ainsi que feu mon père (Archéologue).*

*Sans oublier Jean-Michel Ballester (Chercheur enseignant en microbiologie à la retraite, Fondateur de Germe SA) qui m'a servi de guide pendant de nombreuses années ainsi que Nadine Ottelard (Professeur de lettres) qui m'a guidé dans le monde de l'édition.*

*Merci à tout lecteur d'avoir partagé votre temps avec moi en lisant ce livre.*

*Si vous souhaitez échanger avec moi :*
*Mail : gillesbonifaydestinee@gmail.com*
*Facebook – La destinée terrestre*
*Facebook : https://www.facebook.com/profile.php?id=642093660*